ごく普通のOLが1億円を生み出した「聞き方・話し方」の法則50

株式会社Lutz
代表取締役
三浦さやか

KADOKAWA

SNS全盛時代〝お金を生み出す〟聞き方＆話し方とは？

あなたはコミュニケーションで以下のような悩みを持っていませんか？

「人前でうまく話せない」
「上司や部下とのコミュニケーションが苦手」
「人の話の内容が理解できないことがある」
「人前に出ると頭が真っ白になってしまう」
「言いたいことはあるけど、言葉にすることができない」
「人前で話すときにドキドキしてしまう」
「人に誤解をあたえてしまい、人間関係がこじれてしまうことがある」
「SNSの発信やコメントのやり取りが苦手」
「自分の収入が低いのはコミュニケーションがヘタだからかもしれない」

このような悩みをもっていると、人前で話すのが怖いと感じたり、コミュニケーションがうまくいかなかったりするケースが増えます。その結果、仕事で成果を出せず、人間関係が崩れてしまうこともあります。

仕事で成果を出せないということは、当然、収入も伸びていきません。

では、この症状を改善するにはどうしたらいいのでしょうか？

ずばり、**仕事で成果を出している人、お金を生み出している人ほど、「話し方」ではなく「聞き方」を重視しています**。

ＯＬ時代の私は、コミュニケーション下手でした。

顧客にセールスをしても伝わらずうまくいかないこともあれば、先輩に「顧客に話していることが伝わっていない」とひどく怒られることもよくありました。

レポート用紙17枚にわたり、ダメ出し、改善点のレポートをもらい、「自分には話す資格がない」と思ったことも。人前で話すのがとても怖くなり、会社を辞めたいと考えるようになりました。

当時はかなり落ち込みましたが、SNSと出合って情報発信やコミュニケーションをする中で「相手の話を聞くことの大切さ」や「相手の知りたいことを伝えることの大切さ」に気づきました。

自分が書きたいことを書いているときは、まったく反応がなく「私はSNSもダメなのか……」と意気消沈していました。ところが、SNSのフォロワーによく耳を傾けるようになってから情報発信での反応が良くなってきたのです。

理由は明確です。自分が書きたいことではなく、フォロワーの興味・関心に合わせて投稿をすることができるようになったからです。

SNSでの反応がよくなるにつれて、いろいろな方から声をかけていただけるようになり、経営者向けの勉強会の司会や、運営を任されるようになりました。

私のコミュニケーション能力を買ってくれる人が出始めたのです。

話がまったく伝わっていなかったのは、自分が伝えたいことを話してばかりいたからです。この症状を改善するために、以下の2ステップを心がけ実践しました。

①相手に質問をしてみる
②相手が知りたいことを伝える

その効果は絶大でした。SNSでライブ配信を始めた当初は、集まっても2〜3人というレベルでしたが、フォロワーの声に耳を傾けることで、少しずつ視聴者が増えていき、今では3300人以上の人を集めて話をすることもあります。

SNSを活用することでビジネスがうまく回りだし、現在では、セミナー事業やコンテンツ事業をメインに**年間1億円の売上を実現**するまでになりました。

私は「この方法を自分だけのものにしておくのはもったいない」と考え、私のコミュニティのメンバーにもシェアしました。すると、メンバーたちも人前で話すことができるようになり「話すのが怖い」「ライブが怖い」という状態から解放され、生き生きとその人らしく配信できるようになっていきました。その結果、多くの方がビジネス的な成果と収入アップを実現しました。

この本は、**コミュニケーションに悩みを持ち、仕事がうまくいかない人や収入が伸び悩んでいる人に向けて、それらの状態から抜け出していただくための本**です。

本書のコツとノウハウ、スキルを身につけていただければ、営業、交渉、会議、プレゼンテーション、接客　あらゆるビジネスシーンでコミュニケーション力が伸びていきます。

さきほど、「聞き方」の大切さはお伝えしましたが、コミュニケーションは「聞き方」と「話し方」のどちらか一方を強化するだけではなく、両方のバランスを図ることが肝心。聞き方と話し方のスキルを確実に磨いていくことによって真のコミュニケーション上手になれるのです。

人生は「聞き方」と「話し方」という2つの武器をそろえることで夢を現実にできるようになり、ご自身で未来を創れるようになります。仕事や家族との会話において「話す」と「聞く」のバランスを整えることによって、あなたの自己成長は飛躍的に伸びていきます。あなたに好意を寄せる人も増え、これまでになかった出会いにも恵まれるでしょう。

「聞き方」と「話し方」を磨くことによって、人生が楽しくなり、あなたの目標や夢がかなうスピードもアップしていくはずです。

これまでの私が培ってきた「聞き方」と「話し方」の50のコツをお伝えしますので、どうぞお受け取りください。

振り返ると、私が「好きなことを仕事にする」という夢をかなえられた根本には、ライブ配信、そして人とのコミュニケーションの場面において大事にしてきた法則、つまり、**お金を生み出す「聞き方」&「話し方」の法則**がありました。本書では、それらの法則を、ぜひあなたにもシェアしたいのです。

ライブ配信を通して、ファンとつながり、「価値提供」による対価を得る。このような一連の営みを「ライブコマース」といいます。ライブコマースとは、ライブ配信の動画を活用して購買を促す、オンライン販売のスタイルのこと。Live（生配信）とCommerce（取引）を組み合わせた言葉です。

「でも、私は芸能人でも有名人でもない。美人でもないし、才能や特技もないし……」

そんな古い時代のマインドセットからは、即脱却してください。誰でもSNSで個人メディアを運営できるようになり、**「一握りの著名人にファンが集中する」という時代は既に終焉し、一人一人がそれぞれの個性で輝ける時代**になっています。

実際、ライブコマースは世界各国で、その市場を拡大させている最中です。

なかでもトップレベルのデジタル先進国・中国国内では既に、ライブコマースを通した買い物が当たり前のこととして受け入れられています。

JETRO（日本貿易振興機構）の調べによると、中国のライブコマースの市場規模は、2019年の4338億元（約7・4兆円）から、2020年には1兆500億元（約18兆円）に倍増。今なお急成長を続けています。

その流れを受けて、**日本のライブコマース市場も拡大傾向**にあります。

株式会社サイバーエージェントと他共同会社の調査によると、2023年には700億円超、2024年には約1000億円まで成長すると見込まれています。

ここで国内の成功事例をご紹介しておきましょう。

◆三越伊勢丹

いち早く2018年にライブ配信サービスを導入。お歳暮商品を取り上げ、華やかなパッケージやこだわりの食材をリアルタイムで紹介し、大きな反響を得ています。以降、お中元やお歳暮等のライブコマースに注力。ゲストも交え、商品の魅力を発信し続けています。

◆資生堂

2020年から国内向けにライブコマースを導入。しかし、その前から中国の顧客を対象に、越境のライブコマースを実施、売上アップに貢献していました。

美容コンサルタントによる商品の特徴紹介や使い方などを助言、ユーザーからの質問にリアルタイムで答え、好評を得ています。

◆ファンケル

2020年、マスク生活に必要なアイテムの紹介の内容でライブコマースを開始。商品企画と広報担当の社員が配信を担当して、商品の特徴を視聴者にわかりやすく丁寧に伝えています。

もちろん、これらの大手企業のような大規模なビジネスを、最初から目指す必要はありません。自分がやりたいことに、まずは挑戦してみましょう。

ぜひ、本書を活用して、ライブ配信にもチャレンジしてみてください！

ライブ配信を習慣化するうちに、あなた自身の影響力やブランド力は高まっていきます。そうなれば、商品はいつからでも開発、発売できます。何よりも、**インフルエンサーとしての地位を確立しておくことで、人脈が広がったり、人生の選択肢が拡大したり、幸福度が高まったりする**のは間違いありません。

さあ今こそ時間や体力、気力を、新時代の「聞き方」&「話し方」に投資しましょう。その先には、ぬくもりのあるコミュニケーション、そして物心共に豊かな人生があなたを待っています。

Contents

ごく普通のOLが1億円を生み出した「聞き方・話し方」の法則50

第1章 お金を生み出す「聞き方」の法則

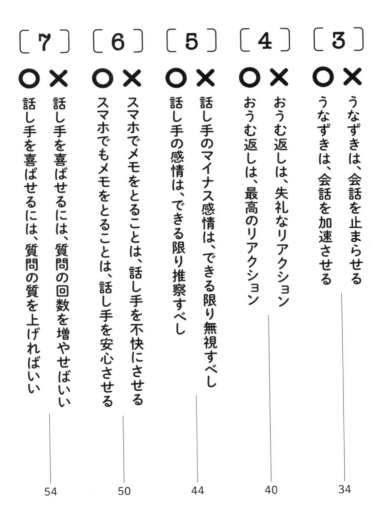

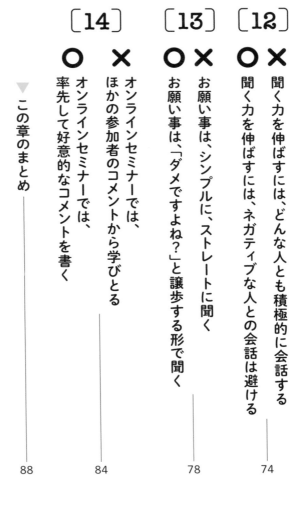

第2章 お金を生み出す「話し方」の法則

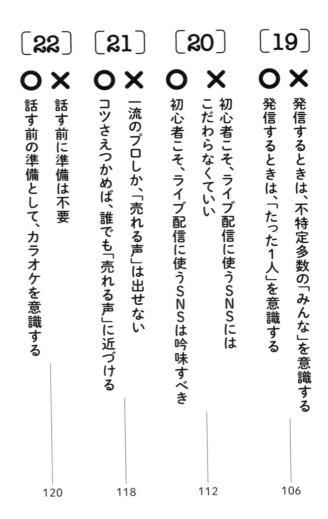

第3章 お金を生み出す「コミュニケーション」の法則

第4章 お金を生み出す「コミュニティ形成」の法則

第5章 お金を生み出す人の心得の法則

編集協力／山守麻衣
カバーデザイン／小口翔平＋須貝美咲（tobufune）
本文デザイン・ＤＴＰ／Isshiki
本文イラスト／ひえじまゆりこ

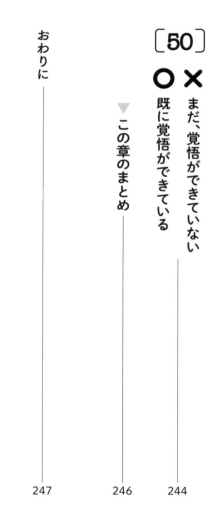

第1章

お金を生み出す「聞き方」の法則

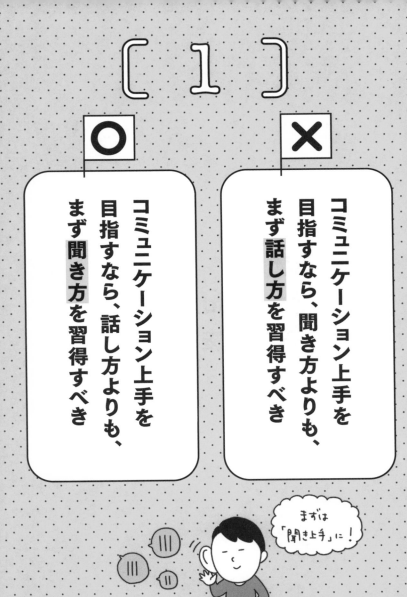

【1】

×

コミュニケーション上手を目指すなら、聞き方よりも、まず**話し方**を習得すべき

○

コミュニケーション上手を目指すなら、話し方よりも、まず**聞き方**を習得すべき

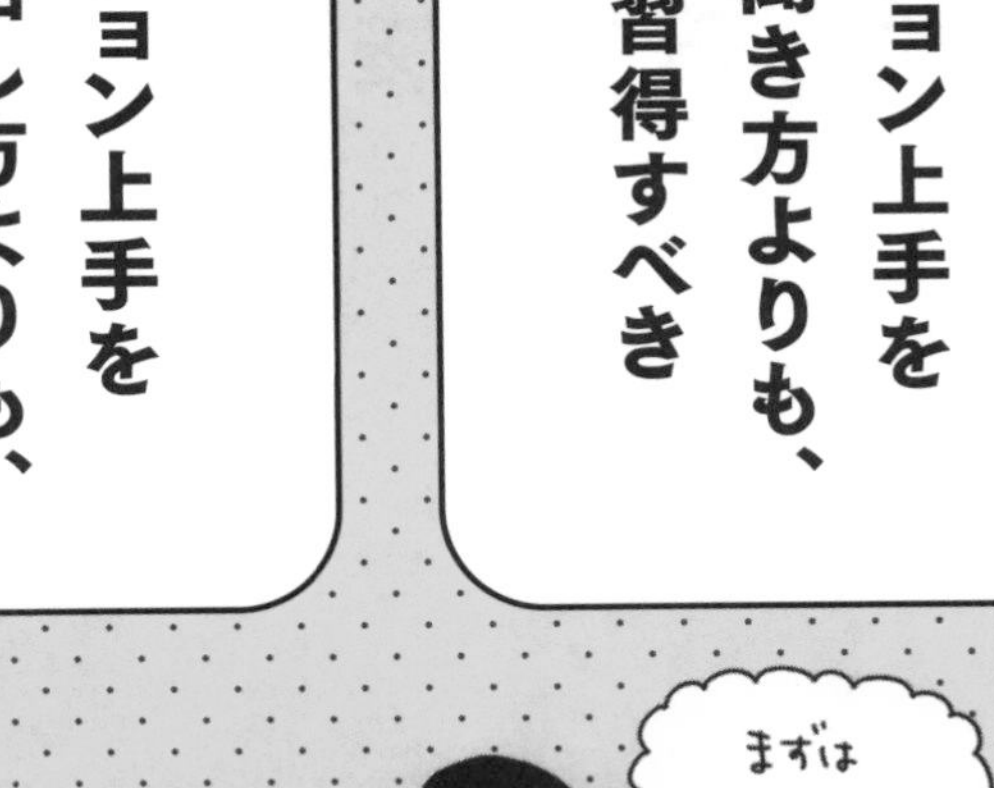

コミュニケーションを円滑に行いたいとき。

大事なのは、**相手との「ラポール」（rapport）を形成すること**です。

ラポールとは、「架け橋」という意味の心理学用語。相手との間に橋が架かった状態、互いに打ち解け合い、信頼している状態のことを指します。

ラポールが形成されているからこそ、互いに遠慮しすぎずにコミュニケーションができることになります。

もしラポールが形成されていなければ、「否定されるのではないか」という心配から、自由な発言が難しくなるでしょう。

ではどうすればラポールを形成できるかというと、**相手の話に耳を傾けること**です。

自分ばかり話そうとはせず、相手の話から聞こうとする姿勢は「あなたを尊重していますよ」というメッセージになり、その場の安心感や信頼感を高めてくれます。

２０１２年のハーバード大学の研究で、「自分のことを話す瞬間、人はどんな状態になるか」を調べたものがあります。

その結果、被験者たちの脳は興奮状態で、「現金をもらったとき」や「おいしいものを食べたとき」に近かった、という事実が明らかになりました。

また、被験者たちに「お金をもらったら、あなたは話すことをやめますか？」と聞いたところ、大半の被験者はお金をもらうことを拒んだそうです。

つまり、人が話すことで得られる快感とは、それほど大きなものなのです。

その快感の主な原因は**「カタルシス効果」**にあるでしょう。

カタルシス効果とは、「魂の浄化」という意味。

思いや感情を吐露することで、安心したり満足する、という心理効果のことです。

誰でも、カタルシス効果を与えてくれた相手には、感謝するものです。

要は、「言いたいことや隠しているネガティブな感情まで吐き出させてくれた相手」に対して、人は好意を持ちやすいのです。

アメリカの心理学者、ウィリアム・ジェームズは次のような言葉を残しています。

「人間の感情のうちで最も強いのは、他人に認められることを望む気持ちである」

人は、誰からも自分の話を聞いたり、肯定したりしてほしい生き物であり、さらに言えば**自分のことを価値ある存在として扱われたい**もの。だから、**好意的な態度で話を聞いてもらえるだけで満たされ、ラポールが自然に形成される**、というわけです。

このような人の心理を知り、会話に臨めば、誰でも〝聞き方名人〟になれます。

この章で聞き方の技術をしっかり習得してから、次の第2章で話し方を学んでいきましょう。

コミュニケーションの場において、**聞き方と話し方の〝黄金比〟は9対1**。**「全体の9割は相手の話を聞く姿勢」**が理想的です。

〔2〕

×

おとなしく聞くことに徹する姿勢こそ、最高の聞き方

○

「うなずき」などのリアクションも、適度に挟む姿勢こそ最高の聞き方

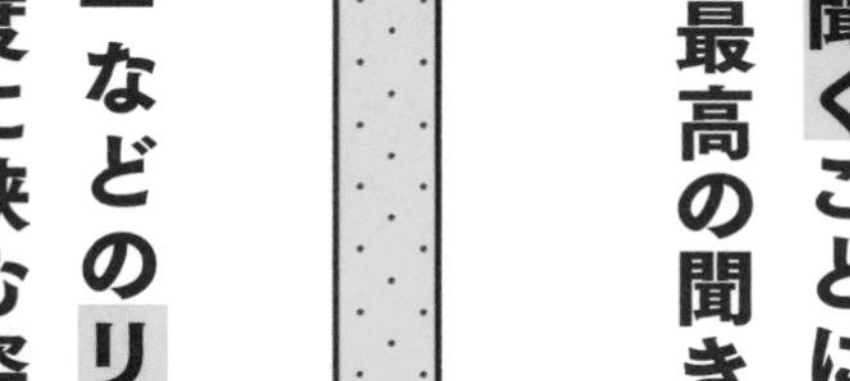

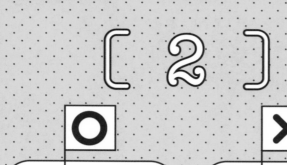

相手の話を聞くとき。自分が発している**非言語情報**にも、心を配りましょう。

1つ目に気をつけたいのが、**表情**です。

たとえば、話し手の表情に合わせてほほ笑んだり、驚いたり、困ったような顔をすると、相手に「理解されている」という安心感を与えることができます。

しかし反対に、話し手の感情に同期しない表情をした場合。

話し手は「理解されていない」と感じ、対話へのモチベーションを下げかねません。

2つ目は、**姿勢**です。

「あなたの話に、とても興味があります（お話をもっと聞きたいです）」

そんな気持ちを表すために、姿勢を前のめりにして座る姿勢などは有効です。

反対に、背もたれにのけぞって座っていたり、腕や脚を組んだりする姿勢は、話し手に不快感や警戒心を与えかねません。

3つ目は、**うなずくこと**です。

たとえ声を発することがなくても。話し手と同じような表情で、要所要所で積極的にうなずくことで、安心感を与えることができます。

「私の話をちゃんと聞いてくれている（大事に扱ってくれている）」とも受け止めてもらえるはず。ですから面倒くさがらずに、随時、うなずきましょう。

実際、セミナーを主宰したり、取材を受けたりするような「話し手」になる機会が増えると、うなずいてくれる人のありがたさを痛感します。

大勢の聞き手の中にたった1人でも、大きくうなずいてくれる人がいると「伝わっている」と安心できて、何倍も話しやすくなるからです。

非言語コミュニケーション研究の第一人者、レイ・L・バードウィステルは、こう主張しています。

「――二者間の対話では、ことばによって伝えられるメッセージ（コミュニケーションの内容）は、全体の35パーセントにすぎず、**残りの65パーセントは、話しぶり、動作、ジェスチャー、相手との間のとり方など、ことば以外の手段によって伝えられる**」

（「非言語コミュニケーションと周辺言語」中野はるみ）

言語情報を軽く見てよい、というわけでは決してありません。ですが、円滑なコミュニケーションのためには、非言語情報も大切なのです。

さらに実践的なお話もしておきましょう。

話を聞くときは、相手に**目線を適度に合わせます**。ただし、初対面の場合や、「恥ずかしい」「緊張する」などの場合は、**口元を見る**ことをおすすめします。

〔3〕

×

うなずきは、
会話を止まらせる

○

うなずきは、
会話を加速させる

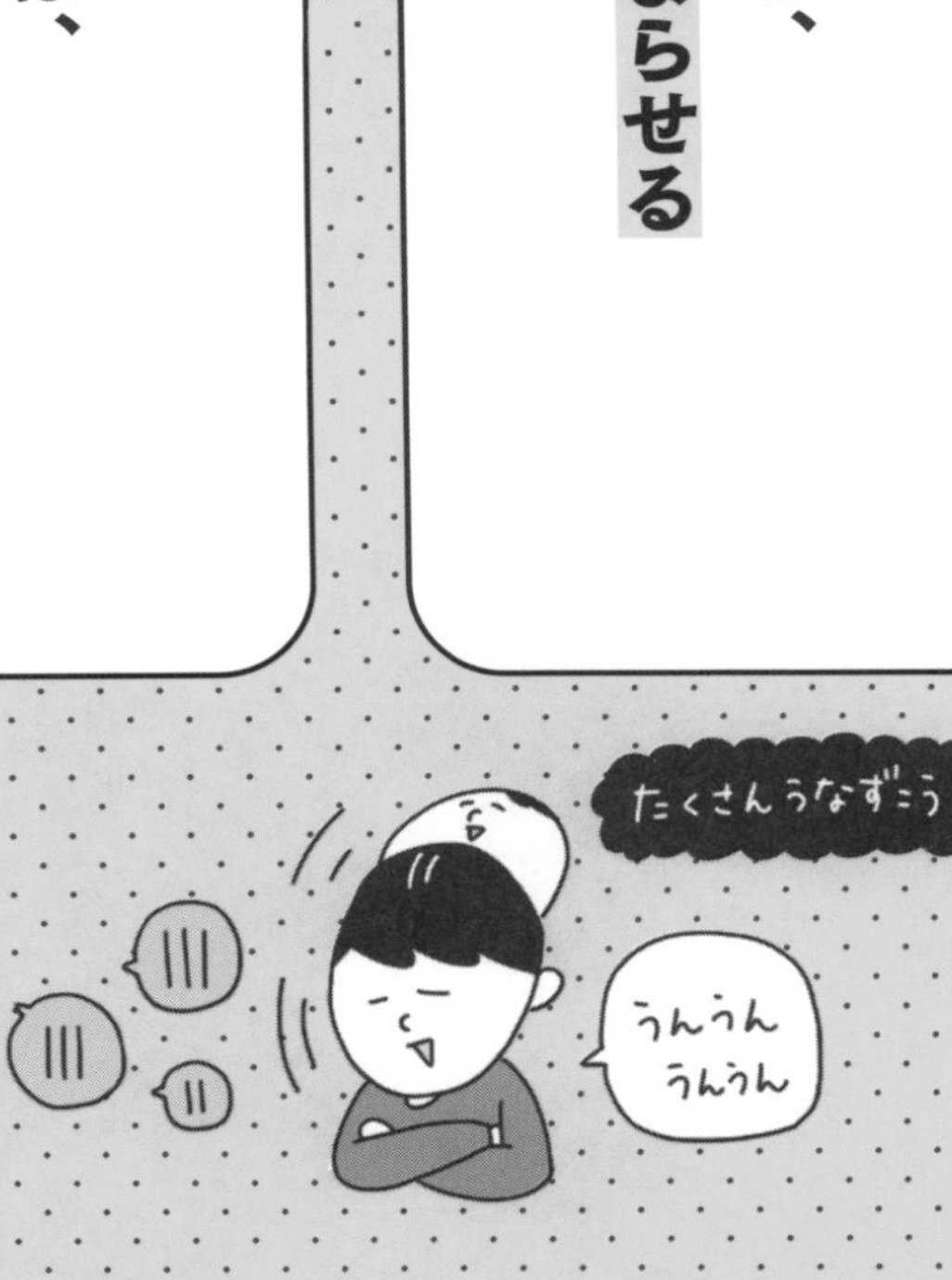

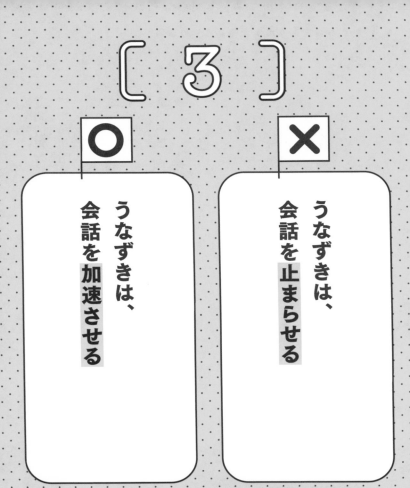

前の項目で、非言語コミュニケーションの重要性についてお伝えしました。

しかし、「本当にそうだろうか？」と疑っている人がいるかもしれません。

ここでは特に「うなずき」にスポットを当て、お話しします。


言葉を発しなくても、うなずくだけで、話し手に「親しみやすい」「話しやすい」と感じてもらいやすくなります。


そんな〝うなずき効果〟を、実際に確認した研究者がいます。

アメリカの心理学者、マタラッツォです。

マタラッツォは、就職試験の面接官の態度を2通り設定し、志願者の話す発言時間の長さがどう変わるかを調べました。

①面接官が多くうなずいた場合
②面接官が静かに聞くだけで、うなずかなかった場合

その結果、**面接官が多くうなずいた場合のほうが、志願者の話す量が平均1・5倍**

以上も増えたのです。

2017年に発表された山形大学と北海道大学の共同研究も、ご紹介します。
次の3パターンの動画を49人の評価者に見せ、それぞれの印象を尋ねました。

①うなずいている人
②首を横に振っている人
③静止している人

その結果、**うなずいている人は、ほかのパターンよりも「好ましい」「近づきやすい」といった好意的な評価が30～40%も上がりました**。

このように「うなずき」で、好印象を与えることも可能です。
「うなずき」とは「あなたの考えを受け入れます」という意思を手軽に、かつ効率よく伝えられる、コストパフォーマンスに優れた手段なのです。

ただし、よく見られる「小さく、弱いうなずき」には、あまり期待できません。

うなずき効果を意識しながら、「大きく、強い相づち」を習慣にしてみてください。

特に、オンライン上では「大げさかな？」と気になるくらいのオーバーリアクションがおすすめです。

カメラ越しでは、「小さく、弱いうなずき」は、より目立たなくなるからです。


私が、あるメディアに取材されたときの経験をお伝えしておきましょう。

オンラインで、初対面の記者さんに取材をしてもらったことがあります。

その記者さんのうなずき方が絶妙だったので、面識がなかったにもかかわらず、私の緊張はすぐにほどけました。また難しい質問も多くいただきましたが、伝えたかったことを、臆せず雄弁に伝えることができました。

つまり「リアルに対面していない状況」で「聞き手とは面識がない」という二重に悪条件の取材でしたが、聞き手の〝うなずき効果〟のおかげで、会話は予想以上に弾んだのです。

また、話し手のペースに、うなずきの速さを合わせられれば〝上級者〟です。

相手が早口でテンポよく話しているときには、軽快に何度もうなずく。

真面目なことや、重いテーマを話しているときには、深くゆっくりうなずく。

そんな気遣いも、相手への共感を表す表現になります。

さらに余裕があれば、肯定的な相づちもセットで使いましょう。

たとえば「はい」「確かに」「そうですね」などの相づちです。

小泉進次郎さんが、以前「好感を持ってもらう相づち」として、次の5つのフレーズを紹介されていました。その頭文字をとると、「さしすせそ」になります。

さ…「さすがですね」

し…「知らなかったです」

す…「すごいですね」

せ…「センスいいですね」

そ…「そうなんですね」

もちろん、この5つのフレーズだけに限りません。
肯定的、建設的な言葉であれば、会話の促進剤になってくれます。
ポジティブな語彙《ごい》を増やして、うなずき&相づち名人を目指していきましょう。

〔4〕

×

おうむ返しは、
失礼なリアクション

○

おうむ返しは、
最高のリアクション

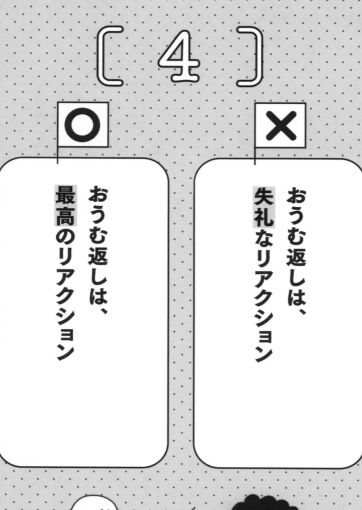

「うなずき」の次に活用してほしいのが、「おうむ返し」です。

おうむ返し、つまり相手の発言をそっくり返すことで、「この人は話をきちんと聞いてくれている」という印象を与え、安心感や信頼感を増幅させることができます。

簡単に実践できて失敗がないため、初心者の方に特におすすめです。


【例】

（話し手）「昨年は、大変だったんですよ」

（聞き手）「昨年は、大変だったんですね」


このように、おうむ返しをすると、「そうだったんですね」と返すよりも、共感を呼び起こせます。そして「もっと話したい」という欲求を相手から引き出せます。

また、誤って相手を不快にさせることもありません。「違います」と否定されるリスクとも無縁でしょう。つまりおうむ返しは、**デリケートな話や専門性の高い話をする場面でも、安心して使える**のです。

【例】

（話し手）「最近、どんどん太っているのに、昨夜、おいしいケーキを食べてしまったんですよ……。やっちゃいました」

（聞き手）「おいしいケーキを食べてしまったんですね」

このようなオウム返しのことを専門用語で**「バックトラッキング」**といいます。手法のシンプルさとは裏腹に、大きな効果を得られることが証明されています。

オランダ・ラドバウド大学のリック・ファン・バーレンは、次のような実験をしています。

あるレストランで、店員がお客様から注文を受けるとき。

「お客様の言葉をまったく同じように繰り返す」という対応を徹底しました。

「はい」という返事も、うなずきも、言い換えもなしに、お客様の注文をそのまま繰り返すのです。結果、**店員に支払われるチップが、通常より7割も増えた**そうです。

バックトラッキングでこのようなことが起こる理由は、心理学でいうところの**「類似性の法則」**が働いているからです。

性別や出身地、言動などの共通点がある相手に、人はおのずと親近感を覚え、好意を持つことがわかっています。

なぜなら**「自分と同じ」「自分と似ている」と感じられる相手の存在は、自動的に自分の価値観や考え方の正しさを証明してくれているようなもの**だからです。

うなずきや相づちと同時に、バックトラッキングも活用していきましょう。

〔5〕

○

話し手の感情は、
できる限り推察すべし

×

話し手のマイナス感情は、
できる限り無視すべし

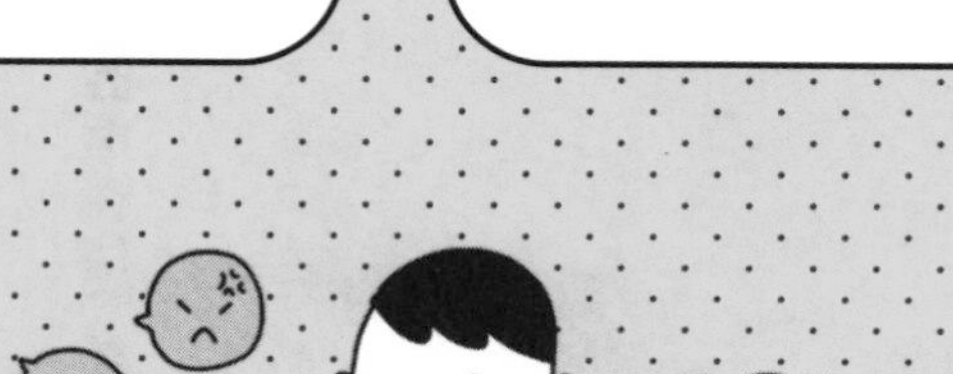

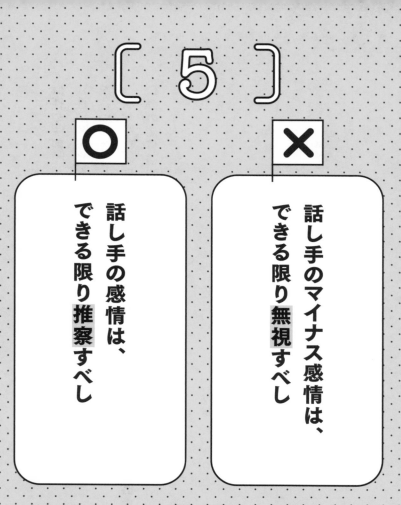

バックトラッキング（おうむ返し）の応用編についてお話ししておきましょう。

相手が言語化していない感情をくみ取って伝えることも、効果的なバックトラッキングになります。そもそもバックトラッキングの語源は「情報の塊を戻す」という意味（ここでの「トラック」とは、「情報の塊」を指します）。

したがって、**話し手が実際に口にした言葉のみならず、言語化されなかった感情（＝情報）を返すことも、バックトラッキングに含まれる**のです。

【例】
「実は先週、愛犬が亡くなりまして……」
「それは、おつらかったですね」
「病気だったので、お別れの時期はわかっていたのですが……」
「ご病気だったんですね。寂しくなりますね」

このように話題がデリケートで、相手の口数が少ないときは特に、「相手の感情に寄り添う言葉」のバックトラッキングが向いています。

「ネガティブな感情をバックトラッキングすると、相手をよりマイナスの方向に導いてしまうのではないか」

そう心配する人がいるかもしれません。でも**「共感」には大きな力があります**。寄り添ってもらえたことで、相手は安心感を覚え、会話への意思を取り戻します。

相手をよく観察しながら、表現されていない感情を的確に読み取り、あなたが言語化をしてあげてください。

そのような言語化を、心理学の用語で**「感情のラベリング」**と呼びます。「感情を言語化して表現すること」で、ストレスを緩和したり、ストレスへの耐性を高めたりする効果があることがわかっています。

「感情のラベリング」については、カルフォルニア大学ロサンゼルス校の心理学者チームが行った、次の実験がよく知られています。

「クモ恐怖症」の被験者たちの不安や心配を鎮めることに、感情のラベリングが役立つかどうかを調べたものです。

実験では、被験者たちを3つのグループに分け、「ガラス容器越しにクモを見て、その距離を縮めることでクモへの恐怖心を克服する」という疑似体験治療法が行われました。３つのグループとは、次のような分け方です。

①「楽観的思考」のグループ……クモが無害であると伝えられた群
②「経験回避」のグループ……クモへの関心をそらすための質問をされた群
③「感情のラベリング」のグループ……今感じている気持ちを言語化した群

結果、③「感情のラベリング」のグループの被験者は、不安やストレスが軽減。

一方で、①「楽観的思考」や②「経験回避」のグループの被験者は、不安やストレスが深刻化しました。

（ここでの「感情のラベリング」とは「クモの毛が不気味」「かみつかれるかと思うと怖い」など、不安に感じている理由を具体的に言語化することを指します）

要は、不安対象をはっきりと認識し、自分の感情を率直に言語化したほうが、不安対象を避けるよりも、ストレスを軽くできたのです。

いったいなぜ、感情のラベリングにそんな効用があるのでしょうか？

先の実験を行った研究チームによると、**感情を明確に言葉にすることで、恐怖心や攻撃性をつかさどる脳の「扁桃体《へんとうたい》」の活性化を抑えられる**のだそうです。

実際、相手の感情や気持ちをくみ取り、言語化することはそう難しいことではありません。ごく常識的な想像力で、相手の立場になって推察すれば、わかるはずです。

例を挙げておきますので、ぜひ活用してください。


【ポジティブな感情に寄り添う例】

「うれしいですね」「楽しいですね」「幸せですね」「爽快ですね」「快適ですね」

（※「うれしかったですね」などの過去形になることもあります）


注意してほしいのは、**相手をジャッジ（評価、判断）しないこと**です。

たとえば「すごいですね」「さすがですね」「立派ですね」などの言葉は、話し手の感情ではなく、聞き手が話し手について判断を下す褒め言葉になります。

相手の気分を害する言葉ではないですが、バックトラッキングには相当しません。

【ネガティブな感情に寄り添う例】

「不安ですね」「心配ですね」「腹が立ちますね」「切ないですね」「悲しいですね」

（※「不安でしたね」などの過去形になることもあります）

【参考文献】ロバート・ビスワス＝ディーナーほか著『ネガティブな感情が成功を呼ぶ』（草思社）

［6］

×

スマホでメモをとることは、話し手を不快にさせる

○

スマホでもメモをとることは、話し手を安心させる

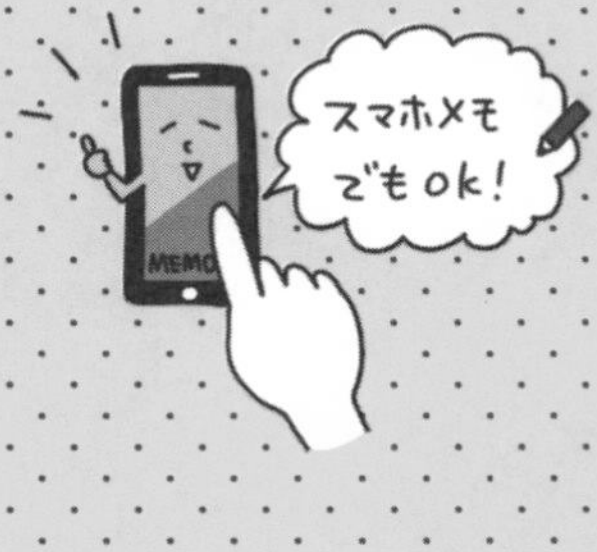

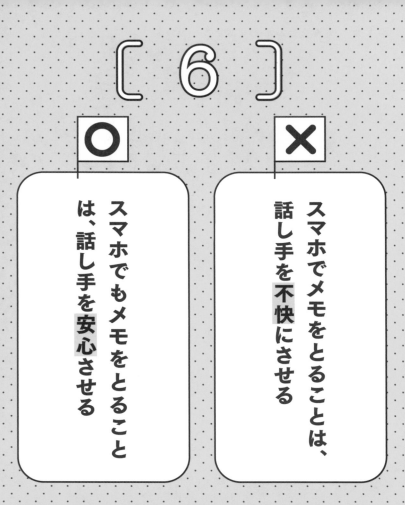

うなずきや相づち、バックトラッキングなどを駆使して相手の話を聞くと、内容がよりスムーズに頭に入ります。記録しておきたい言葉も、増えることでしょう。

そこでおすすめしたいのが、会話中に記録をとることです。

手書きでノートにメモする形でも、スマホやノートパソコンなどのデジタル機器に入力するスタイルでも、どちらでも差支えありません。

随所で、相手の言葉を記録しましょう。


ひと昔前はノートパソコンで会話をメモしていると、「違う作業をしているのかな」と誤解されかねない雰囲気がありました。

でも今では、会話中にスマホを触っていても「メモしてくれているのだろう」と好意的に受け取られるようになっています。


相手の話を記録することには「読み返せる」「アウトプットがしやすくなる」「あとからアイデアを生みやすくなる」など、数多くのメリットがあります。

プレジデント社が行った調べでは、企業の役員側と、雇用者側では、メモに対する意識の違いが浮き彫りになっています。

・役員側……1日5回以上のメモをとり、それを頻繁に読み返す傾向がある
・雇用者側……メモをあまりとらず、とった場合も読み返さない傾向がある

話を聞く際には、ぜひともメモをとることをおすすめします。

「ＩＤ野球」を提唱した名将・野村克也監督も**「メモをとる選手は大成する」**が持論だったそうです。

メモとは、自分のためになるばかりではありません。

聞き手の好感度を上げる、という副次的なメリットも見込めます。

「必死に手を動かしている姿」という非言語情報を発信することで、話し手に懸命さを伝えることができます。

それは、話し手に敬意を表すことにも直結します。

結果、話し手は「このまま話を続けてよいのだ」と安心することができます。

「より正確で、より有益な情報を、多く与えたい」という気持ちも生まれます。

このような心理を「インタビュー効果」と呼びます。インタビュー効果のおかげで会話が弾んだり、場が和やかになったり、話し手の本音を引き出せたりするのです。

メモをとることは、自分を高めるだけではありません。人間関係をより円滑にすることまで、かなうのです。

【参考文献】『プレジデント』２０１６年2月29日号

#〔7〕

×

話し手を喜ばせるには、
質問の回数を増やせばいい

○

話し手を喜ばせるには、
質問の質を上げればいい

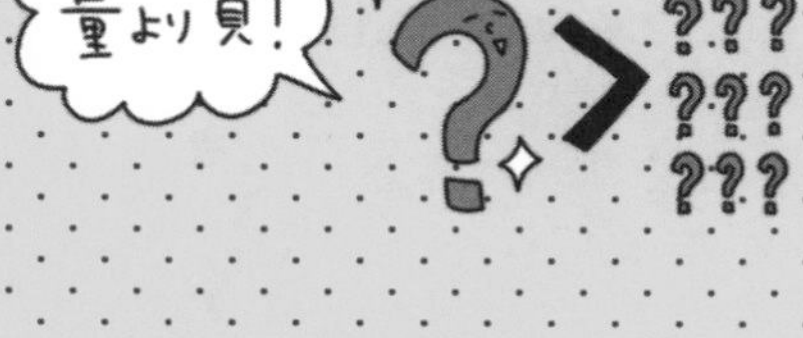

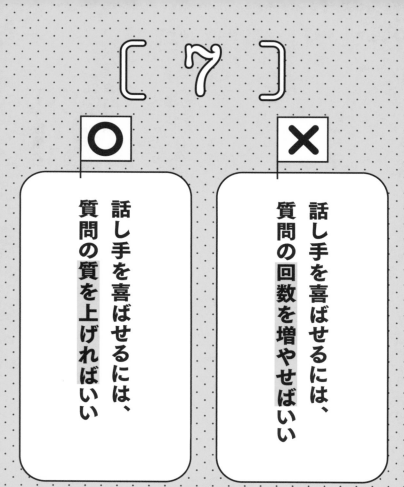

相手の言葉を繰り返すバックトラッキング（おうむ返し）をマスターしたら、短い質問を差し挟むことにも、慣れていきましょう。

質問をすることで、「この人は理解を深めようとしてくれている」という安心感や信頼感を、話し手に与えることができます。

とはいえ、質問をする際にも最低限のマナーやコツは存在するもの。

さやか流・質問のルールをお伝えします。

①許可を取ってから質問する

質問をするときは、「質問していい場か」を確認しましょう。

「この時間は、インタビュアーが取材をさせてもらう」など、約束をしている場合、話し手は、「質問される」という意識で臨んでいるので、失礼にはあたりません。

ただし、そうではない場合。相手を困らせてしまうことも起こり得ます。

たとえば、時間配分を細かく決めて、セミナーを進行している講師の場合。突然の質問に全て答えると、回答に時間がかかりすぎたり、雑談に脱線したり、結果、本筋の講義が手薄になってしまうことなどがあるかもしれません。

ですから、次のように許可を取ればスマートです。

【例】

「神戸のエピソードがさっき出てきました。そういえば○○さんは神戸のご出身でしたよね？　神戸のおいしい名産品について、今、お聞きしてもいいですか？」

許可を求められると、話し手側は非常に助かります。

もし、余裕がなければ「今日は時間が取れないので、次回お楽しみに」などと、「答えるか、答えないか」を自分で決められるからです。

このように**「決定権を相手に委ねられる人」**は、どんな場でも非常に好かれます。

②プライベートな事柄に触れるのは、慎重に！

世の中には、家族の存在を公にしている人もいれば、そうでない人もいます。

「私生活をどこまで公開するか」という基準は、それぞれ異なります。

ただしSNSを見れば、その基準を察することはできるはず。

「家族情報は非公開の人」に対して、私生活にまつわる質問を投げかけるのは、ルール違反。同席者にまで、プライベートな情報が漏れてしまうことになります。

【例】
「○○さんのご長女、今年◎◎大学に入られたって聞いたんですが、本当ですか？」

③「話し手が伝えたいであろうこと」を質問する

質問される側からすると、うれしいのは「自分が話したいこと」をピンポイントで聞かれることです。

「得意分野の話」「自分の武勇伝」「そのとき一番伝えたいと感じていること」……。

これらについての質問を投げかけられる人は、間違いなく好かれます。

どうすれば、そんな質問ができるのかというと、**事前にリサーチをすること**です。

話し手のSNSやブログ、公式サイトなどをチェックしておけば、プロフィール、実績、近況まで一通りわかるものです。

「聞き手の興味があること」にフォーカスするというよりは、**「話し手が伝えたいであろうこと」を質問するほうが、はるかに大事**です。

【例】

「ビジネスを個人向けから法人向けに拡大された、とブログの記事で拝見しました。素晴らしいですね。どういう流れで進められたのか、お聞きしたいです。そういう質問は、ここでさせていただいてもいいでしょうか？」

④応用編　答えてほしい質問を2つ用意する

人は「自分の意思で自由に選択できること」に、快感を覚えます。

ですから、相手に質問を選んでもらうのです。

もちろん、どの質問も「話し手が伝えたいであろうこと」と合致するのがベスト。答える側からすれば、どちらもスムーズに答えられるわけですから（どちらも話したくてたまらない内容であるわけですから）、心理的な負担は少ないはずです。

もしかすると「2つとも話しますよ」と、歓迎されるかもしれません。

また、相手からすると「シュートを決めやすいボール」（＝鉄板の持ちネタ）を2つも投げてもらったようなもの。ですから、あなたへの好感度は急上昇します。

【例】

「○○さんのインスタ、楽しく拝見してます。イタリア料理がお好きなんですよね。またホテル事情にもお詳しいですよね。どちらかのお話をうかがいたいんですが……」

数多くの質問を投げかけることで、その場を活性化させたり、自分のやる気をアピールしたりすることは、確かに可能です。しかしもう一歩深めて、「相手に心から喜んでもらえるような質問」を贈るようにしてみませんか。

相手のことを事前に調べるという誠実さが、ラポールの形成に大きく寄与してくれます。

「事前に調べる」というと大変なことのように聞こえてしまうかもしれません。でも最近のＳＮＳのチェックなどは、むしろ楽しい作業であるはずです。

さやか流・質問の奥義は、下調べにあるといえるでしょう。

[8]

×

人は、悩みを聞かれると、
心を閉ざしたくなる

○

人は、悩みを聞かれると、
口を開きたくなる

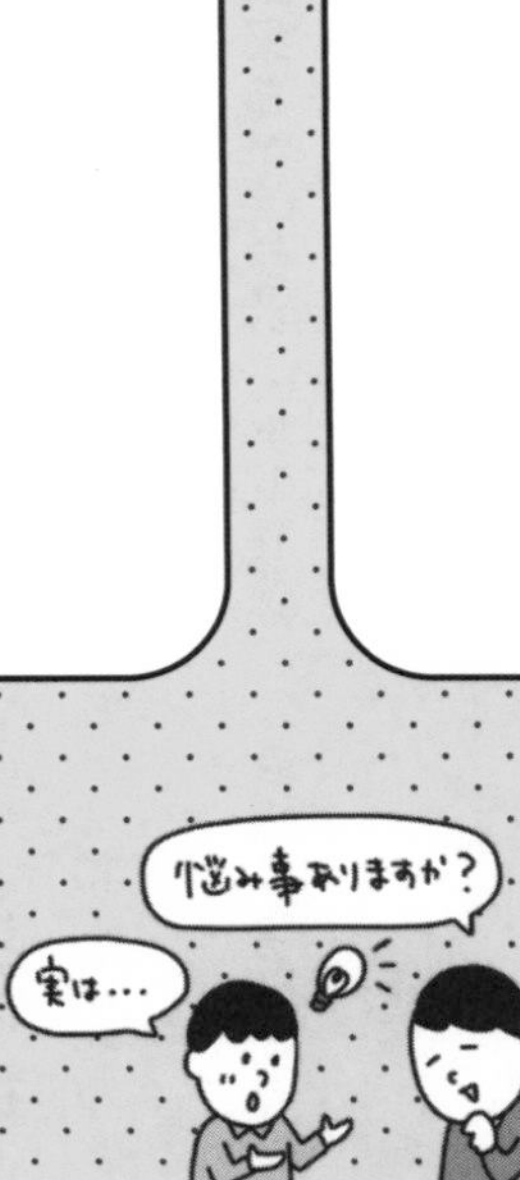

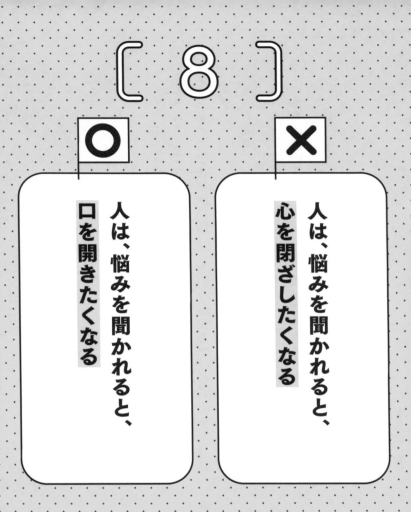

「リサーチする時間がなかった」「相手の情報を見つけられなかった」

そんなピンチのときでも活用できる便利な質問フレーズをお教えします。


【例】

・「〇〇さん、何か悩んでいる（困っている）ことってありますか？」

・「〇〇さんは、成功していらっしゃるから、悩み事（困り事）なんてないですよね？」

こう聞くと、どんな成功者でも、1つや2つは喜んで答えてくれます。

このようなざっくりとした聞き方を**「オープンクエスチョン」**と呼びますが、**質問の抽象度が高いため、自由に話せる**からです。


また**「悩み事がない人なんて、いない」**という真理も、覚えておいてください。

どんなに順風満帆に見える人でも、何かしらのお悩みを抱えています。

たとえば、仕事がうまくいっている人なら「忙しすぎるから休みたい」と感じていたりするものです。また立場の高い人ほど、**弱音や本音を自分一人の胸に留《とど》めている**傾向があります。そこに焦点を当て「聞くこと」で心の距離を縮めていきましょう。

〔9〕

✕

「自分の学び」は、もったいないので自分の胸に秘めて**独占**する

○

「自分の学び」を**アウトプット**すれば、周りも自分も幸せになれる

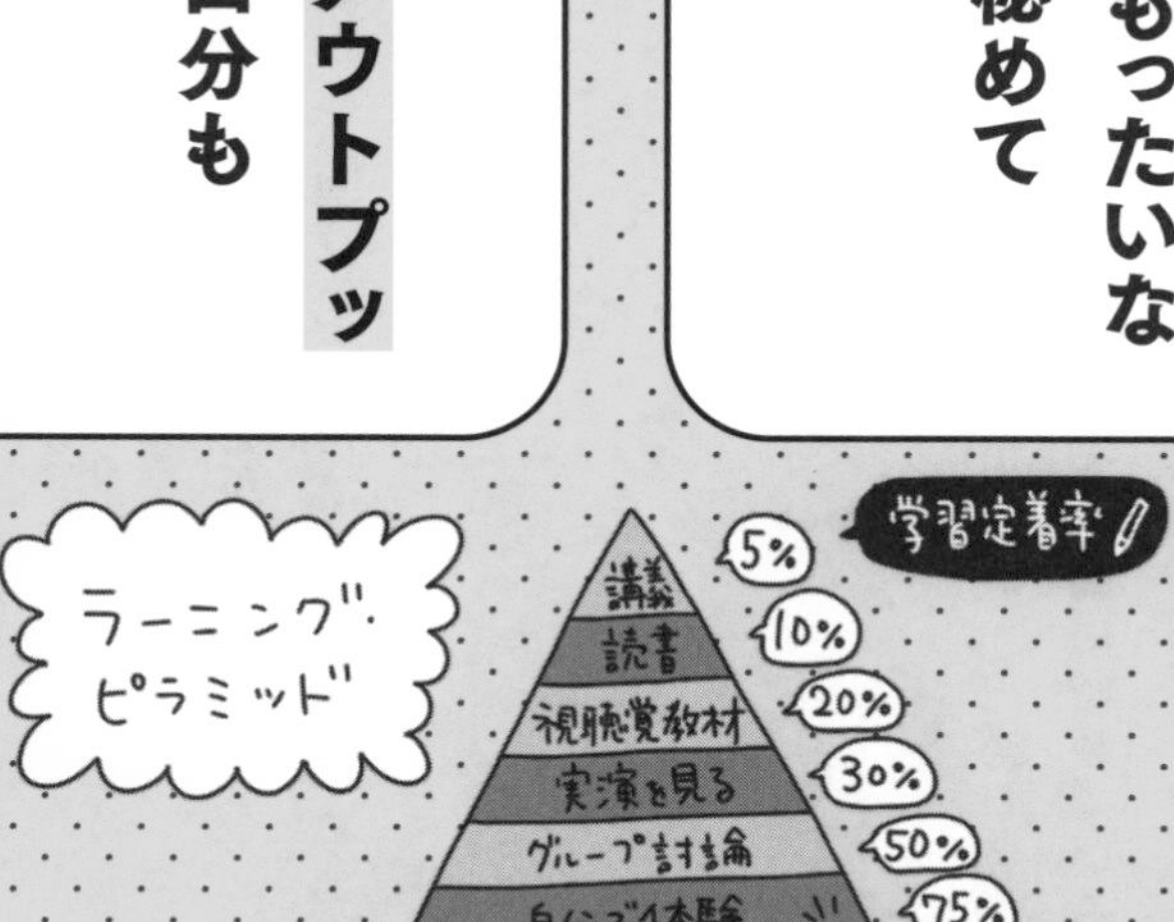

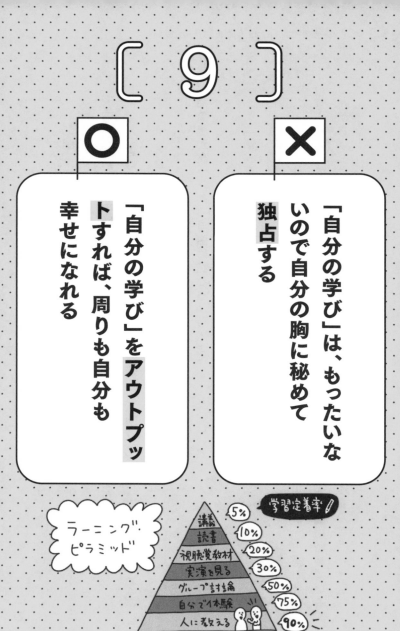

本を読んだり、セミナーや講演会に参加して、学びを深めている人は多いものです。

そのように、**物事を吸収する営みをインプット（＝入力）**といいます。

反対に、**自分で何かを書いたり、発信したり、伝えたりする行為をアウトプット（＝出力）**と呼びます。

私たち人間は、ただ本を読んだり、映像を見たりというインプットだけでは、学んだ内容をすぐに覚えたり、実践したりはできません。同時にアウトプットも行うことで、さらに理解を深めたり、より確実に記憶したりすることができます。

特におすすめしたいのは「誰かに教える（伝える）」というアウトプットの方法です。


アメリカ国立訓練研究所が発表した**「ラーニング・ピラミッド」**の図をご存じでしょうか。人が何かを学ぶときに、どのような学習方法が記憶に定着しやすいかを調べた、非常に興味深いデータです。

実はインプットだけでは、学習定着率は50％を下回ることがわかっています。

たとえば「講義を受ける」（5％）、「読書をする」（10％）、「ビデオや音声などの視聴覚教材を使う」（20％）、「デモンストレーション（実演）を見る」（30％）……。

そして、アウトプットを行うことで、学習定着率はようやく50％以上になります。「グループ討論」（50％）、「自ら体験する」（75％）、そして**「他の人に教える」（90％）**。記憶するには、**人に教える**という道が最強で最速なのです。理由は2つあります。

1つ目の理由は、**相手の知識量に合わせて、難しい事柄もかみ砕いて言語化しようとするから**です。

経験の浅い人や、その分野を学んだことのない人にも、専門用語を使わずに難しい概念を説明しようとするとき。自分の理解度を一層深め、わかりやすく言語化する作業が必須になります。

2つ目は、**なぜそうなるのか、原因や理由を具体的に理解しようとするから**です。新しい事柄を伝えようとするとき。具体的な理由を提示しながら、ロジカルにわかりやすく話す必要があります。そのため、「なぜだろう」と何度も自問を繰り返すことで、その本質に近づくことができ、より大きな説得力で相手に伝えることができます。自分自身が「なぜ」に答えられなければ、相手に教えることは難しいでしょう。

私自身は、**1時間学んだら、1時間を発信に使う**、という目安を原則にしています。

つまり、**「インプット：アウトプット＝1：1」**にするのです。

この比率は、非常に覚えやすく、再現性も高い〝黄金比〟のひとつです。

多いのが、**セミナーを何年間も受け続けてきたけれど何も発信していない人**です。

そのような場合、インプット過多で、学びを活《い》かしきれていない可能性が高いもの。

今からでも、学んだことを積極的にアウトプットしていきましょう。

〔10〕

×

人の話は〝復習〟が大前提。
軽い気持ちで聞けばいい

○

人の話は、即アウトプット
するつもりで真剣に聞く

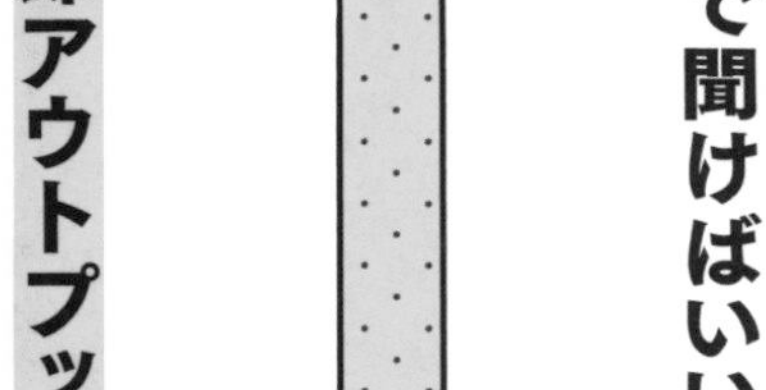

学んだことをアウトプットするとき。

身の回りにその内容を話すだけでは、社会に広く伝播することはないでしょう。

一方、ＳＮＳやブログなどネット上でアウトプットをすると、リアルの世界よりも多くの人に見てもらえます。予想外の方面にまで拡散され、バズることも期待できます。

結果的に、あなた自身や学んだ事柄（また、それを教えてくれた人）が、世に広く知られる可能性も高まります。

ですから**「自分の学び」はネット上で、全世界に向けてシェアをしましょう**。

たとえば、セミナーに出席後、ＳＮＳやブログでその感想を発信してみてください。

「その講師に、以前から興味があった」という人たちから、喜ばれることでしょう。

また講師の名前での検索に、あなたの発信がうまく引っかかり、未知の多くの人たちと突然つながれるかもしれません。

わかりやすい例がアンソニー・ロビンズのような世界的な著名人です。

アンソニー・ロビンズといえば、コーチ、講演家、作家などの多くの肩書を持つ、自己啓発セミナー界における〝巨人〟です。

そんな彼のセミナーを受けた、という投稿を目にしたら。おそらく多くの人が「ええっ、どんな内容だったの？」と、思わず読みたくなるでしょう。

実際、即アウトプットをするつもりでセミナーに参加すると、モチベーションを高め、よい緊張感を保てます。頭が超高速で回り始め「今のフレーズを、ブログの報告記事の見出しに使おう」とアイデアもどんどん湧いてきます。

つまり**アウトプットを前提に話を聞くと、自分の聞き方を、より主体的、能動的なものに転換できます**。もちろん「文章」での発信に限らず、**ライブ配信**をしたり、**感想シェア会**を開いたりすることも、立派なアウトプットです。

あなたがスムーズに、心理的な抵抗なしに発信できる手段を選んでください。

一方、「復習ありき」でセミナーに参加している人は多いものです。

リアルなセミナーに参加後、類似の内容の動画を見て復習する、というのです。

優秀な人や真摯《しんし》で真面目な人に目立つ傾向ですが、そんな必要はありません。

そもそも**「じっくり見直せばいい」「あとで復習すればいい」というマインドセッ**

トで臨んでいるため、初回のセミナーで、聞くことに全集中できないわけです。

確かに、セミナーのあとに動画で復習をすれば、理解は多少深まるかもしれませんが、その復習にかける時間がもったいないでしょう。人生は有限です。

私たちセミナー講師は、常に「聞き逃したら（忘れたら）もったいない」という気迫で人の話を聞いています。ですから、会話の吸収率が非常に高いように感じます（笑）。

あなたも話を聞くときは、即アウトプットの気迫で臨んでください。

【11】

×

相手の話に共感できなければ、**反論して構わない**

○

相手の話に共感できなくても、**反論はしない**

相手の話を聞いていて、反論をしたくなったとき。

建設的な議論の場ではない限り、ぐっと〝我慢〟することをおすすめします。

話し手がよほどの人格者でない限り、不快にさせてしまいかねないからです。

「○○さんと話したくない」とマイナスの印象を与えてはもったいないですよね。

この〝我慢〟こそ、本章でお伝えしている技術の中で最も難しいものでしょう。

なぜなら人はみな、それぞれ異なる価値観を持って生きているからです。

「自分と異なる意見を持つ人に相づちを打ち続けるなんて、自分を偽っているような気がして耐えられない」

そう感じる人がいても、まったくおかしくありません。


そこで、ご紹介したいのが「そうなんですね」という相づちです。

よく知られている相づちのひとつですが、心理学的に見ても優れた相づちなのです。

「そうなんですね」を使うとき。

「〝あなたは〟そうなんですね」と心の中で念じながら、使ってみてください。

たとえ声に出さなくても。

「あなた（話し手）は○○だけれども、私（聞き手）は△△」と、互いの意見の違いを明確に意識することで、自分を納得させやすくなります。

このような態度を、**「共感的理解」**と呼びます。

どんなときも話し手の立場になり、話を聞く態度のことです。

この共感的理解とは、アメリカの心理学者、カール・ロジャーズが、会話を傾聴するうえで大切だと挙げた3つの要素のうちの1つです。

「共感的理解」でいうところの「共感」とは、話し手の状況を自分に置き換え、相手の言葉を受け入れることです。互いの意見が同じかどうかは関係ありません。

「話し手」の意見と、聞き手の考え方がまったく異なっていても「〝あなたは〟そうなんですね（そう思うのですね／そう考えるのですね）」と理解し、受け入れることが「共感的理解」です。

「共感」と「同意」は意味が異なる、と言えばわかりやすいでしょう。

（「同意」は「私もそう思います」という意味になります）

自分をしっかり大事にしながら、相手のこともちゃんと尊重する。

そんな態度が「共感的理解」であり、それを言語化したものが「そうなんですね」という相づちなのです。

「そうなんですね」を使いこなせるようになると、自分とは異なる意見の人の話を苦もなく受け入れられるようになり、聞く力はうんと高まります。

またコミュニケーションに対する心理的なハードルも低くなり、聞くことを楽しいと感じる瞬間が増えるはずです。

〔12〕

✕

聞く力を伸ばすには、どんな人とも積極的に会話する

○

聞く力を伸ばすには、ネガティブな人との会話は避ける

聞く力を伸ばそうとして、真面目に頑張っている人ほど「会話を楽しむ機会を増やそう」と考えているかもしれません。確かに、それは素晴らしい心構えです。

実際のコミュニケーションの現場に身を置くことで、聞く力が育まれていくのは間違いありません。コミュニケーションの回数が増えたり、その時間が長くなったりするほうが、確かに理想的でしょう。ただし、**「誰と会話するか」（誰の話を聞くか）**については、できるだけ吟味をしてほしいのです。

たとえば、職場の給湯室で、数人のスタッフが社内の悪口を言い合っている場を想像してみてください。そこに飛び込んでいって、相手の話を聞いた場合。

聞く力を伸ばす前に、あなた自身の心に悪影響を及ぼすリスクを高めてしまいます。

また、そこで話し手の言葉にうなずいたことで「同意された」「共感された」と受け取られ、味方だと誤解されてしまうおそれもあります。

知らないうちに「○○さんも、私と同じ意見なんです」などと言い触らされては、大変な事態になることでしょう。

困ったことに、人は「直接聞いたことよりも間接的に聞いたことを信用する」という傾向があります。専門用語で、これを**「間接話法効果」**と呼びます。

平たく言うと「人から伝え聞いた悪口」は、（たとえ言っていない場合でも）信用されてしまうのです。ですから、あとから「私はそんなことを言っていません」と否定をしても、信じてもらいにくくなるというわけです。

ですから、そのような悪口が渦巻いているような場には、近づかないことです。うっかり誤って遭遇してしまった場合は、すぐに逃げてください。

悪口を言い合うことに、生産性はありません。また、悪い波動をもらいかねません。「よい波動の人たち」と交流する機会をできるだけ増やし、そこで聞く力を伸ばしていきましょう。


私自身、起業後は経営者や一流の方など「よい波動の人たち」とのおつきあいにより多く恵まれるようになりました。そこでお話をうかがっていると〝給湯室での悪口大会〟的な会話との歴然とした差を感じます。

「よい波動の人たち」の思考の土台には、**「どうすれば、これがうまくいくか」「どうすれば、相手が喜んでくれるか」**という前向きさがあります。

誰かを責めたり、貶《おとし》めるようなマインドはまったくありません。

そのような場で聞き手になれる時間は、至福の瞬間でもあります。

あなたもぜひ、そのような環境を自分自身のために整えてあげてください。

身近に「よい波動の人たち」がいない場合。セミナーや講演会などに参加することが、手軽で最速の方法でしょう。


意識の高い人たちが集まる場で、聞き手となる。そんな瞬間を積み重ねていけば、**聞き方が洗練されることはもちろん、あなたの内面も磨かれていく**はずです。

〔13〕

✕

お願い事は、シンプルに、
ストレートに聞く

○

お願い事は、

「ダメですよね？」

と譲歩する形で聞く

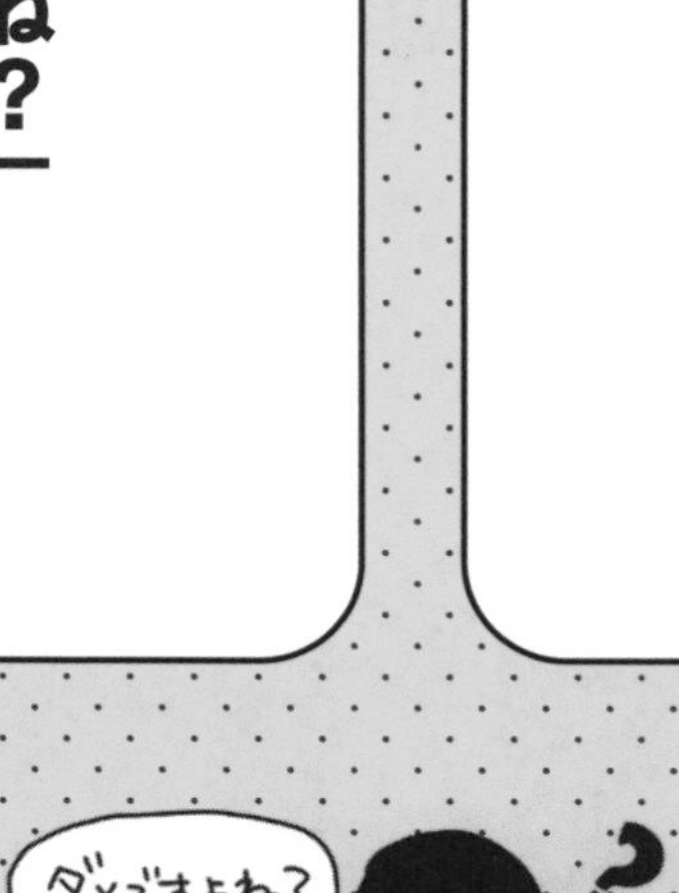

セミナー（講演会）に参加して、人気作家や一流の人たちの話を直接聞くのは素晴らしいことです。興味があるセミナーにはどんどん参加して、そこでの学びをSNSやブログでシェアしていきましょう。

私も講師になるまでは、数多くのセミナーに〝聞き手〟として参加してきました。その結果、実感しているのは、リアルに対面で開催されるセミナーも、オンラインで開催されるものも、どちらも違った魅力に富んでいるということです。

ここでは特に、リアルなセミナーについて、お話ししておきます。

リアルなセミナーの魅力のひとつは、講師に直接会えたり話せたりする点です。熱心な人の場合「少しでも前で見たい」「講師に近づきたい」という思いから、チケットの早期取得を目指したり、会場に早く到着されたりすることもあるようです。

でも、たとえ前列に座れなかったとしても。尊敬する講師と熱のこもったコミュニケーションはできるもの。また真の意味で、講師のお役に立つこともできます。

どうすればそんなことが可能なのかというと、**記念撮影とSNSへの拡散を組み合わせる**ことです。詳しくお伝えしていきましょう。

セミナー終了後、講師に許可を取ってからツーショット写真を撮ります（そのような場があらかじめ設定されている会もあります）。

そして「この写真を（オンラインで）お送りしたいのですが」と聞くと、ＳＮＳなどで講師とつながりやすくなります。LINEやMessengerなど、やりとりの手段はさまざまありますが、中でもおすすめはFacebookです。

自分のタイムラインに、その写真と説明の文章を投稿し、講師をタグ付けさせてもらうのです。すると、双方のタイムラインで、同時に写真を共有できます。

タグ付けを行うには、相手がFacebook上で「友達」になっている必要があります。

とはいえFacebookの友達は「５０００人まで」という上限があります。

しかし、このシビアな条件が、講師とつながるための口実になってくれるのです。

ここで、おすすめのフレーズを紹介しておきましょう。

【例】

・「○○さんのお友達の枠って、もう上限ギリギリですよね？」

・「○○先生のお友達の枠は、空けてもらえないですよね？」

つまり**「〜できないですよね？」**と譲歩するニュアンスの聞き方をすると、9割以上の確率で「いえ、できますよ」（枠を空けますよ）と返され〝友達〟になれるのです！

このような聞き方が有効だと気づく前の私は、「○○さんにお友達申請させてもらってもいいですか？」とストレートな聞き方しかしていませんでした。

すると、たいてい丁重にお断りされるのです。

いったいなぜ、「上限ギリギリですよね？」（できないですよね？／ムリですよね？）と聞くだけで、すんなり承諾をしてもらえるのか。

その理由は、心理学でいうところの**「返報性の心理」**と大きな関係があります。

そもそも「返報性の心理」とは、誰かに何かをしてもらったら、自分もお返しをしたくなる心理を指します。

たとえば次のような心理が当てはまります。

・「笑顔で元気よく挨拶をされたら、笑顔で元気よく挨拶を返したくなる」
・「相手に褒められたら、自分も相手のことを褒めたくなる」
・「困っているときに助けられたら、相手が困っているときは助けたくなる」

この心理を応用したのが、スーパーなどの試食コーナーです。

「せっかく試食をさせてもらったのだから、お返しに買いたくなる」

無意識のうちに、私たちにはこのような**「好意の返報性」**が働いています。

当然、ネガティブな面においても返報性は存在します。**「敵意の返報性」**です。

・「相手から嫌悪感をあらわにされると、自分も相手を嫌いになる」
・「相手から低く評価されると、自分も相手を低く評価したくなる」
・「不愛想でつっけんどんな接客をされると、自分も横柄な態度を取りたくなる」

一方、「上限ギリギリですよね？」（〜できないですよね？）と聞くと、「できます」と承諾してもらいやすくなる現象は、**「譲歩の返報性」**によって起こります。

相手が譲ってくれれば譲ってくれるほど、自分も譲歩したくなる。

そんな返報性もあるのです。

・「イベントに1度誘われて断ると、次に誘われたときに『断りづらい』と感じる」

・「『あなただけは特別料金で』と割引されると『買わないと悪い』と感じる」

このような返報性の性質を知っていれば、どんな場においても、よりスムーズに頼んだり、お願いをしたりできます。

〔14〕

×

オンラインセミナーでは、ほかの参加者のコメントから学びとる

○

オンラインセミナーでは、率先して好意的なコメントを書く

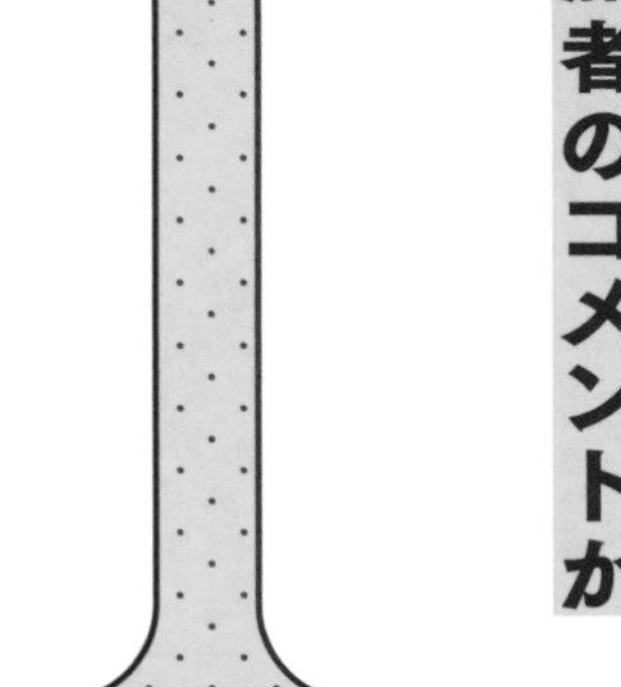

オンラインのセミナーや講演会、ライブなどを視聴するとき。

講師やライバーなどの発信者と実際に対面しているときのように、楽しい瞬間を共有できる方法があります。**好意的なコメントをなるべく早めに書くこと**です。

たとえ短いコメントでも、発信者からするとうれしいもの。ですから配信中に「◎◎さん、コメントありがとうございます！」と声をかけてもらえるかもしれません。また何度か書き込むうちに〝頼もしい存在〟として相手の記憶に残るでしょう。

ポイントは、なるべく早めに書く、という点です。

視聴者が多い場合、配信開始と同時に、大量のコメントがつくこともあるからです。また**早ければ早いほど、発信者もうれしい**ものだからです。

発信者視点で言うと、コメントをもらった、という事実は「発信がうまくいっている」という証拠。だから、1件でもコメントが付くと、技術的な面で安心できます。

逆に言うと、コメントがいつまでも付かない場合、「配信できているかどうか」が、不安になることもあるのです。

（「画像は見えるけれども、音声がまったく聞こえていませんよ」などと指摘してく

れるコメントも、大変ありがたいものです）

さらに言うと、相手に**「初頭効果」**が働くことも期待できるからです。

初頭効果とは、ポーランド出身の心理学者ソロモン・アッシュが提唱した学説で、**最初に受け取った情報が、その人の記憶にあとまで影響を及ぼす現象**をいいます。

この説をあてはめて考えると、ライブ中にもらったコメントの中でも、「最初（初期）にコメントを書き込んでくれた人」の印象は、強烈なはずです。

「相手に存在を知ってほしい」「相手との距離を縮めたい」

そんな人こそ、一番（なるべく早め）にコメントを書き込むことをおすすめします。

これは、Clubhouseのような双方向の音声メディアについても言えることです。

Clubhouseでは「こんな有名人が！」と驚くような方が、よく発言されています。

そこにコメントを残すと、発言者に喜ばれ、つながれることもあります。

好意的なコメントを即座に書き込むことを、ぜひ習慣化してみてください。

【例】

・「○○先生、今日はよろしくお願いします！　初参加です」
・「○○さん、素敵なお声、よく聞こえます。後ろの海もよく見えています」
・「○○さん、こんにちは！　○○県から拝見してます」
・「ライブでお伝えいただいて、感謝です。そちらにいる気分を味わえます」
・「○○を見せてくださり、ありがとうございます。拝見できてうれしいです」
・「楽しい雰囲気が伝わってきますね！」
・「今日のワンピースも、お似合いです」

この章のまとめ

- 聞き方と話し方の〝黄金比〟は9対1。好意的な態度でうなずきを挟みながら、相手の話に耳を傾ける

- 相手の発言をそっくり返す「おうむ返し」で、安心感や信頼感を高められる

- 質問をするときは、事前にリサーチをして「相手が伝えたいであろうこと」を聞く

- 学んだことを積極的にアウトプットすると、自分も周りも成長できる

- 同意できない意見に対しては「そうなんですね」と返し、相手への共感を示す（「同意」と「共感」は異なる）

第2章
お金を生み出す「話し方」の法則

〔15〕

✕

話すときは真面目重視、報道番組のアナウンサーを目指す

○

話すときはエネルギーをもって心を込めて、熱く語る

いよいよ、この2章から「話し方」についてお伝えしていきます。
基本的な話し方から、ライブ配信で、1人でスムーズに話せるまでを扱います。

ただ話すだけはなく、あなたが伝えたいこと、広めたいこと、信じていることを心を込めて、熱く語る必要があります。前に、「聞き方と話し方の〝黄金比〟は9対1」とお話ししました。

つまり時間の長さの面で考えても、話す長さは会話全体の10分の1。ですから発言時は冗長にダラダラと話すのではなく、端的に効果的に伝えるよう意識しましょう。

お手本は、熱い人といえば、松岡修造さんを意識するのがよいでしょう。
「正しい日本語で、標準語のイントネーションで、一言一句間違えずに情報を伝える報道番組のアナウンサー」というよりも。

「インパクト重視で、身ぶり手ぶりで視覚にも訴え、ごく短い時間でも強烈な印象を与え、相手の感情を動かすお笑い芸人」を目指すことをおすすめします。

一般的に、プロのアナウンサーは、発声法や話し方などの訓練を受けるものです。

一方、お笑い芸人の場合は違います（養成学校などで、話し方を学んだ人も中にはいるかもしれませんが……）。

でも、それで問題はありません。

話し方以上に問われるのは本人のキャラクターやネタ、トークの内容でしょう。

私たちも、お笑い芸人のように、**話す技術にこだわりすぎることはありません**。

最初は拙《つたな》くても、差し支えありません。「話す技術を高度に磨き上げなければ」と、最初の目標設定を高くしすぎてしまうと、早々に挫折してしまいかねないからです。

話す技術は、余裕を感じたときにでも、あとから少しずつ身につけていきましょう。

最初は、本書でお教えする「話し方」を、読んでいただくだけで十分です。

それよりも、**相手に伝える内容や、「自分はなぜ伝えたいのか」という基本方針について考えることのほうが大事**です。

人前で「話すこと」は、特別なことではありません。

才能に恵まれた人や、本格的に訓練した人にしかできないことでもありません。

「話すこと」を神格化しすぎず、まずは気軽に始めてみましょう。

振り返ると、私も「今まで常にギリギリでやってきた」という感覚があります。

ところが不思議なことに……。実力や準備が十分ではなく、不安に感じていても、いざ話し始めると楽しくなり、予想以上にうまくできることがほとんどでした。

だから、あなたも大丈夫です。

たとえ、緊張して、小声で、ぎこちない話し方だとしても、
相手を大切に思って、懸命に話すことで、楽しんでもらう。
もしくは、相手に共感してもらうことで〝ファンを増やせる自分〟を目指す。
それが、本書のゴールです。

［16］

○

ライブ配信とは、本来誰でも気軽に楽しめるもの

×

ライブ配信とは、特別な人しか行えないもの

「ライブ配信で、1人でスムーズに話せるまでをお教えします」

こうお伝えすると、困り顔をされる方もいらっしゃいます。

「私は、ごく普通の人生しか歩んできていないし、特殊な技能もないし、注目されるような特徴なんて何一つありません。だから、ライブ配信がゴールと言われても、**私にはライブをする資格なんてない**と感じます」

心配しないでください。

誰でも、その人ならではのライブで、視聴者の心をつかむことが可能です。

落語家のような〝話芸〟がなくても。

グルメレポーターのように、気の利いたコメントをとっさに返せなくても。

視聴者に情報を提供したり、感動させたり、その感情にそっと寄り添ったり、お役に立つことは、いくらでもできます。

老若男女にかかわらず、お勤めで忙しい人も、子育ての渦中にある人も、自分が興味のある分野で〝お山の大将〟(=ナンバーワン)になれる。それが、ライブ配信の本質なのです。

私が主宰するオンラインスクールの、生徒さんの事例をお話ししておきましょう。

【犬の整体師・原由美子さんのケース】

「女性と子どものための整体師」である原さんは、同時に「犬の整体師」としてもフリーランスで大活躍をしています。愛犬に施術する様子を飼い主様のご了承を得てライブ配信で事例の報告をされていますが、その内容は非常に興味深く、面白いものです。

【会社員Aさんのケース】

「散歩が趣味」という会社員のAさんは、毎朝、自分の散歩をライブ配信しています。緑の中を歩くその映像に心を癒やされるのでしょう、彼には多くのファンがいます。

【しあわせ陣痛伝道師・北未香緒里さん（愛称Miiさん）のケース】

北未さんは、2022年に3人目のお子さんを出産されたフルタイムワーママ。

3人目の出産の様子を、Facebookでライブ（生中継）しました。

（助産院での出産予定が、結果的に自宅でのスピード安産となったそうです）

北未さんの場合、出産動画を配信する際に、会費制のコミュニティを立ち上げ、そこで30人のファンを獲得されました。

それは、彼女が「話すこと」で稼いだ最初のお金、ファーストキャッシュでした。

このように、生徒さんたちの成功事例は枚挙にいとまがありません。

本書では、そんな実例をいくつもご紹介していきます。

右に挙げた３人の事例には共通点があります。

本人がワクワクドキドキしている瞬間を、リアルタイムで、自分の言葉で伝えているるという点です。

「ワクワクドキドキが嫌いな人」って、なかなかいませんよね。

ですから、本来は誰でもライブ配信を気軽に楽しめるはずなのです。

〔17〕

×

理想像を描くときは、技術やノウハウの面で憧れる人を選ぶ

○

理想像を描くときは、思想や生き方の面で憧れる人を選ぶ

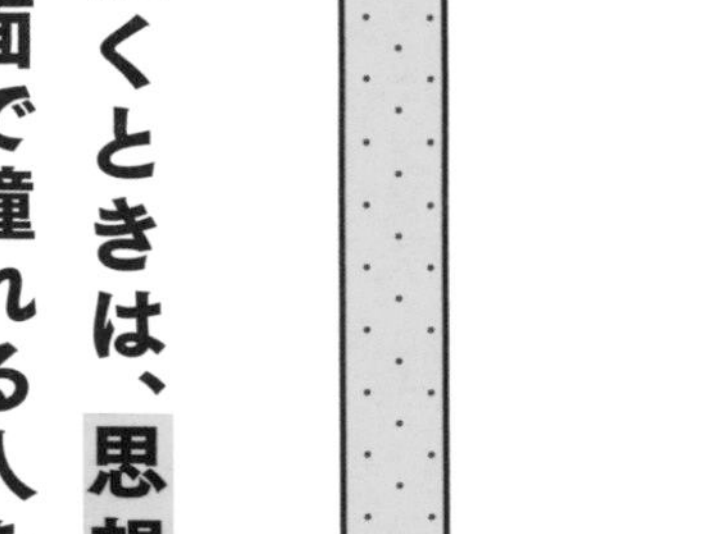

「話し方」を磨きたいとき。理想のロールモデルを1～2人、設定してみましょう。ロールモデルを決めておくことで「自分にはできない」という心理的な壁を乗り越えやすくなり、夢の実現に近づくことができます。

とはいえ、ロールモデルを選ぶとき。注目してほしいのは、声の大きさや滑舌の良さなど、技術やノウハウの面ではありません。「フォロワー○万人」など、数値面の理想でもありません。なぜなら、自分が同様のレベルに到達したとき、憧れの気持ちは急速にしぼんでしまうからです。

考え方や人生観、生き方などの面で憧れる人をロールモデルに設定しましょう。

たとえば「パートナーがいても、精神的にも経済的にも自立して生きている人」「子育てを楽しみながら、自分のペースで外の社会ともつながっている人」などです。

さらに言うと「憧れの○○さんとSNSでつながり、イベントにお招きしたい」など、**ロールモデルに設定した人を自分の目標に絡める**こともおすすめです。

私もそんな目標に向けて頑張り、かなえた経験があります。心を強くできますよ。

【18】

○

自分のミッションやビジョンは、多くの人に発信していく

×

自分のミッションやビジョンは、心に秘めておく

お金を生むコミュニケーションを目指すとき。ロールモデルの決定と並んで重要なのが、「ミッション」と「ビジョン」という二本柱の設定です。

ミッションとは、自分が一生をかけて成し遂げたいという使命のこと。

ビジョンとは、将来どんな自分になっていたいかという理想の未来のこと。

この2つを決めておくことで進むべき方向性が定まり、具体的にどのような行動を取ればよいのか見えてきます。最初の一歩も、踏み出しやすくなります。

たとえば私のミッションは**「女性が気軽に、パラレルキャリア（複業）で自己実現できる土壌をつくること」**。ビジョンは**「ニッチでトップ（小さな小山の大将）になれるオンラインビジネスを構築すること」**です。

ミッションやビジョンをつくったからといって、それだけで売上に即つながるわけではありません。でも、ミッションやビジョンを掲げることが、非常に大切です。

実際、持続的に成長している企業ほど、ミッションやビジョンを明確にしています。個人での活躍を目指す場合も、企業のこのような姿勢は非常に参考になります。

①日立グループ

ミッション……「優れた自主技術・製品の開発を通じて社会に貢献する」

ビジョン（抜粋）……「優れたチームワークとグローバル市場での豊富な経験によって、活気あふれる世界をめざします」

②ソフトバンクグループ

ミッション（理念）……「情報革命で人々を幸せに」

ビジョン……「世界の人々から最も必要とされる企業グループ」

③イオングループ（※ミッションとビジョンを「基本理念」としてまとめて表現）

ミッション……「お客様を原点に平和を追求し、人間を尊重し、地域社会に貢献する」

ビジョン（抜粋）……「絶えず革新し続ける企業集団として、『お客さま第一』を実践してまいります」

私たちもミッションやビジョン（＝目標）を発信していきましょう。

目標は、宣言すると達成しやすくなります。そのような心理を**「宣言効果」**と呼びます。代表例が「新年の抱負を皆の前で発表する」という慣習です。多くの人の前で宣言することで、目標達成に近づきやすくなるのです。その理由は、次の通りです。

1つ目は、**自分にプレッシャーをかけられるから**です。

もし、途中で挑戦をやめたくなったりしても「ここでやめたら恥ずかしい」といった心理が働き、宣言をしないときよりも努力を続けやすくなります。

2つ目は、**自分のモチベーションを上げられるから**です。

他人に目標を宣言することで、その目標について意識を向ける機会は増えます。すると、モチベーションを上げる瞬間も増えます。

当然、行動量も増えるわけですから、目標を達成しやすくなります。

3つ目は、**自分の目標（＝ミッション、ビジョン）を人に言うと協力者が現れやすくなるから**です。

あなたの目標が、もし視聴者やフォロワー、ファンに伝われば、共感してくれる人や応援してくれる人、力を貸してくれる人が必ず出てきます。同じ目標を持った人が現れ、一緒になってモチベーションを高め合ったり、協力し合ったりできる関係に発展するかもしれません。

この宣言効果には、アメリカのウエスタン・エレクトリックという会社で行われた**「ホーソン実験」**が関わっているとされています（この会社のホーソンという工場で行われたことが、実験名の由来になっています）。

ホーソン実験では、照明の明るさと生産性の関係についての実験が行われました。「照明が明るければ明るいほど、生産効率は上がる」という仮説を検証しようとしたのです。しかし実際は「照明が明るくても、明るさを下げても、作業効率は上がる」という結果になりました。つまり、実験は「失敗」とされたのです。

実験後、被験者らに実験の感想を聞いたところ、その多くはこう答えました。

「試験官に見られていたので、本来の力以上のものを出せた」

このような経緯で**「生産性は、『注目されている』という意識で向上する」**という事実が明らかになりました。

目標を宣言することでも、このホーソン実験と類似の状況をつくり出せます。
ですからミッションやビジョンを発信し、目標の実現を加速させていきましょう。
その過程で、目標や夢を語り合える多くの仲間とも出会えるはずです。

〔19〕

×

発信するときは、不特定多数の「みんな」を意識する

○

発信するときは、「たった1人」を意識する

ミッションとビジョンを決めたら、次に「ペルソナ」についても考えてみましょう。

ペルソナとは、ラテン語で**「仮面」**という意味です。マーケティングの世界では、**提供する製品やサービスの「架空のユーザー像」**のことを表します。

ペルソナと似た言葉に「ターゲット」という言葉があります。

「30代・女性」「40代・男性」など年代や性別などの大まかな設定が、ターゲット。それよりも具体的に詳しく設定するのが、ペルソナです。

たとえば「30代・女性」でも、既婚か未婚か、子どもの有無、働いているかいないかなどで行動パターンも、消費の傾向も、興味の対象もまったく異なるもの。

だから「ペルソナ」という一歩踏み込んだ設定が大事なのです。

ペルソナを決めることで、お客様が置かれている状況や心の動き、趣味、嗜好《しこう》など、細部まで具体的にイメージしやすくなります。

そのように、お客様のニーズを把握して、それに応えるような商品やサービスをつくったり、戦略を立てたりすることを**ペルソナマーケティング**と呼びます。

ペルソナマーケティングが、いかに有益かがわかる事例があります。

富士通株式会社の例をご紹介しておきましょう。

2007年、富士通は「社会全体で子供を育てる」という理念のもと、「未来を担う子どもたちに技術の素晴らしさを伝えよう」というスローガンを掲げ、子ども向けのウェブサイト「富士通キッズ：夢をかたちに」をオープンしました（現在は終了）。

そのサイトでは、若年層にもわかりやすく説明するために、3つのペルソナが設定されました。小学生の「佐藤美咲ちゃん（10歳）」、美咲ちゃんの担任の先生「松本秀幸先生（32歳）」、美咲ちゃんの母親「佐藤幸子さん（38歳）」です。

この3つのペルソナの設定のために、富士通はインターネットでの調査をはじめ、実在する小中学校の先生や保護者などへのインタビュー取材も行ったそうです。

結果、「実在しそう」と思えるようなペルソナを完成させています。

それらを引用してみましょう。

・小学生ペルソナ「佐藤美咲ちゃん」の特色

小学5年生。明るく温厚でクラスの人気者。

好奇心旺盛で、気になったことはわかるまで尋ねたり、調べたりしないと気がすまない。週に1度の、学校でのパソコンの授業が楽しみ。「Yahoo!　きっず」で検索するが、欲しい情報が見つからない場合は、「Yahoo!」を使って、子ども向けではない一般のサイトを見ることもある。

・小学校教諭ペルソナ「松本先生」の特色

公立小学校の教諭。子どもの目線を常に意識しており世話好きなため、児童から慕われている。学校から帰宅してからも、次の日の授業の予習や資料づくりを行う。また、児童に見せるホームページの検索も行う。平日はゆっくり休む暇もなく、常に児童や授業のことを考えている。

・保護者ペルソナ「佐藤幸子さん」の特色

専業主婦。娘の教育に熱心。勉強はあまり強制したくないが、一貫教育の学校に入れたいとは考えており、近所の学習塾に通わせている。

子どもの安全に常に気を配っている。

パソコンの利用方法や基本的なネチケットは教えたので、基本的には娘を信頼している。できるだけ、安心で安全なサイトを見てもらいたい。(「富士通キッズサイトにおけるペルソナ マーケティングの実践」久鍋裕美)

これら3つのペルソナを想定してつくられたサイト「富士通キッズ：夢をかたちに」は優れたコンテンツとして、数多くのメディアで取り上げられました。

あなたもぜひとも、ペルソナを設定してみてください。

もちろん、この富士通の例のように複数でなく、1つでかまいません。

とはいえ「ペルソナなんてつくれません」というお悩みもよくいただきます。

多いのは「対象を絞りきれない」という声です。たとえばカウンセラーをしている人は、老若男女の多様な訴えに対応できるため、ペルソナの設定が難しいようです。

「ペルソナ」とは、**あなたが「助けたい」と願うたった1人をイメージした〝理想のお客様〟**です。「対象を絞りきれない」という場合、積極的に貢献したい、対応したいと感じる大事なお客様を、1人思い浮かべてください。それがあなたのペルソナです。

正解かどうかは、実際に活動を始めてから検証していきましょう。

「そのペルソナでよいのかどうか」を気にしすぎると、いつまでも前進できません。

「正解かどうかは気にしない」「とにかくやってみる」「軌道修正はあとからできる」

そんなマインドで設定してみてください。

【20】

✕

初心者こそ、ライブ配信に
使うSNSには
こだわらなくていい

○

初心者こそ、ライブ配信に
使うSNSは吟味すべき

ペルソナが見えてきたら、どのSNSでライブ配信をするのか、考えていきましょう。

もちろん、早い段階ではっきりと決める必要はありません。

「私はこのSNSでライブをしたい」という大まかな目標を立てれば、モチベーションも大幅にアップ。これからお伝えしていく「話し方」のノウハウも、よりスムーズに吸収できるはずです。

「ライブといえば、SNSしかないのでしょうか？」

この質問もよくいただきますが、その通りです。

実際、私はSNS以外にもブログ、メルマガ、LINEなどのプラットフォームも活用しています。でもそれは集客の窓口を広くするためです。最終的にSNSで行うライブ配信を視聴してもらえるよう、導線を張り巡らしているのだと捉えてください。

最初は手を広げすぎず、1～2つのSNSでライブ配信をしてみるのがよいでしょう。

また、複数のSNSのプラットフォームを持っている場合。**「ストリームヤード」というアプリの有料プランなどを使えば、同時配信が可能**です。

複数のSNSで同時配信できれば、より効率的に、より多くの視聴者にライブを楽しんでもらえます。

ここでは私も活用しているFacebook、YouTube、Instagram、TikTok、Clubhouseという5つのＳＮＳの特徴を、かいつまんでご紹介しておきます。

◆Facebook

・世界中で使われており、世界最大のユーザー数を誇る

・実名登録が必要なため、つながる相手の身元がわかる

・ユーザー同士のつながりも、他のＳＮＳよりも強い

・ライブ配信を始めるのも容易で、手間や知識がそれほど必要ではない

・「Facebookページ」という機能を使えば、「友達」「友達の友達」ではない人にも情報を拡散できるし、１００円から広告を出すこともできる

・「Facebookグループ」内ではグループ内に限定して配信できるため、「どんな人が見ているかわからない」という心配とは無縁

・初心者の方に最適

◆YouTube

・動画配信サービスの代表格
・アカウントをつくらなくても、子どもから大人まで、誰でも視聴できる（ライブ配信を行う人は、Googleアカウントが必要）
・アーカイブも、簡単に視聴できる
・動画の配信までに必要な作業が多い（カット割りをしたり、字幕を入れたり、サムネイルを用意するなど）
・初心者の方にはハードルが少し高い

◆Instagram

・10代や20代の利用者も多い
・画像から動画へのシフトが進んでいる
・「ストーリーズ」（24時間で消える動画）、「リール」（15〜30秒の縦動画）など、投稿できる動画の種類が豊富
・**動画の配信が簡単で広く拡散しやすいので、告知用としても適している**

◆**TikTok**

・15秒〜1分程度の短い動画も投稿できる
・動画撮影時には「0・5倍速」「2倍速」など、速さを調節できる
・アプリ内の特殊効果を使い、ユニークな動画を撮影できる
・若い世代が多いのでビジネスの即効性は低い
（※私自身は、若い世代に「夢のかなえ方」を伝えたいので、続けている）

◆**Clubhouse**

・つながりのある人同士が、オンライン上の「チャットルーム」に集まり、モデレーターとしてラジオ放送のように話したり、それを聞いたりできるプラットフォーム
（モデレーターとは、「ルーム」を最初に開いた人、もしくは指名されて他のユーザーを登壇させる権限を持っている人のこと）
・会話には途中から飛び入り参加することもできる
・音声のみの配信なので、部屋着やノーメークでも、作業しながらでも参加できる
・**モデレーターになれば、話す技術を磨ける**（何人かで担当してもよい）

（※私は月、水、金曜の朝7時45分から30分程度、質問やお悩み相談を軸に配信中）

既に活用しているSNSがあれば、その延長で気軽にライブ配信を行うのもよいでしょう。そこで話す自分を想像しながらミッションやビジョン、ペルソナについて妄想を膨らませてみてください。妄想に限界はありません。自由に夢を描きましょう！

〔21〕

×

一流のプロしか、「売れる声」は出せない

○

コツさえつかめば、誰でも「売れる声」に近づける

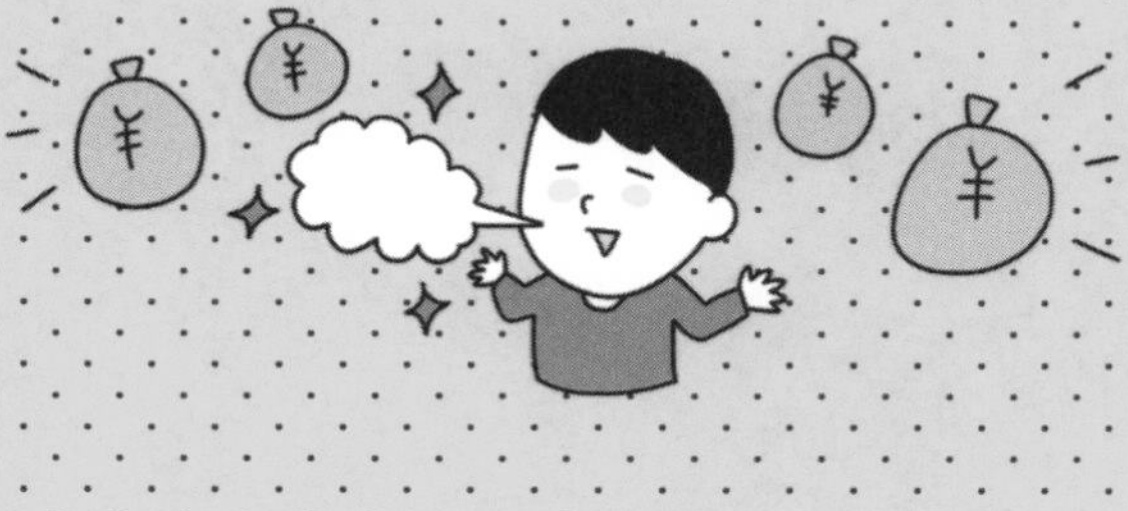

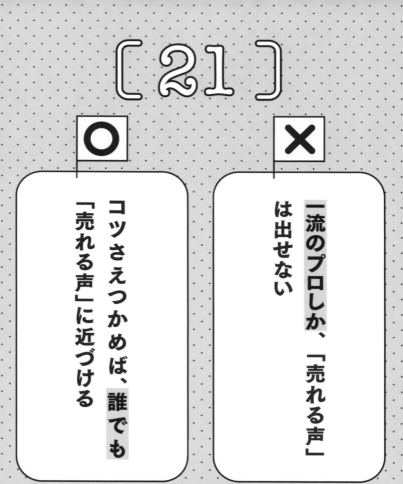

ここからは、いよいよ「売れる声」についてお話ししていきます。

売れる「話し方」には、「売れる声」が必須です。

今まで、自分の声について特に意識をしたことがない人も、「自分の声がどんな印象を相手に与えているか」「自分はどんな発声をしているのか」「どんな発声が理想なのか」考えるきっかけにしてください。

発声法については、**カリスマボイストレーナーの秋竹朋子さん**の許可を得て、そのメソッドをご紹介します（『ビジネスがうまくいく発声法』秋竹朋子／日本実業出版社）。秋竹さんは、ビジネスボイストレーニングスクール「ビジヴォ」を運営され、4万人以上300社の企業研修を実施。多くのビジネスパーソンの声を「よく通る声」「伝わる声」に導いてこられました。またプロの声優や歌手、俳優、テレビ局の現役アナウンサーまでもが、その指導を受けに来られるそうです。

私は「売れる声と話し方」という講座を、秋竹さんと共同で開催させていただいたことがあります。そのときに、いくつかのトレーニングを体験し、自分の発声の仕方を劇的に改善できました。**ノドの疲れを感じないので、ずっと話し続けられる気がする**のです。本書では、超重要な3つのトレーニングを引用させていただきます。

〔22〕

○

話す前の準備として、カラオケを意識する

×

話す前に準備は不要

話す前に準備の時間もとりましょう。首を回す、肩の上げ下げ、腹式呼吸です。声が出ないと思っている人も体の筋肉がほぐれて声が出やすくなりますし、自信がない人も気持ちがリラックスすることで話がしやすくなります。ちょっとしたことのように思うかもしれませんが、少し自分のために時間を割くことがあなたのエネルギーをストレートに相手に伝える役割を果たしてくれます。

ご紹介するのは、ボイストレーニングの基本となる「腹式呼吸」です。

呼吸の仕方には「腹式呼吸」と「胸式呼吸」の2通りがあります。

秋竹さんいわく**「腹式呼吸で発声をすると、人間の聴覚に届きやすい周波数になり、声がよく通る。しかも大きな声も出るようになる」**のだそうです。

とはいえ、腹式呼吸が正しくできている人は、残念ながら少ないのだとか。

「腹式呼吸＝おなかを膨らませること」と誤解している人が多く、おなかに意識を集中させているうちに、胸式呼吸に切り替わってしまうケースが多いようです。

つまり、息を吸うときにおなかが膨らめばよいものの、実際、空気は肺の中に入るので、胸が膨らみ、胸式呼吸になってしまうのです。

腹式呼吸を正しく体得するには「息を吐くこと」を意識するのが近道。ですから秋竹さんのメソッドは「息を吐くこと」に自ずと集中できるように設計されています。

もちろん「息を吸うこと」もスムーズに行えます。おなかに力を入れて息を吐いた後はおなかが自然に引っ込み、その流れでスムーズに「息を吸うこと」ができます。

この「腹式呼吸のトレーニング」は、毎朝5分間行うのがおすすめです。新鮮な酸素を取り込み全身に行き渡らせることで、心身を呼び覚まし、活性化させられます。もちろん習慣化をして、気づいたときに随時行えれば理想的です。

腹式呼吸を意識して、普段の呼吸の質を高めれば、よりよい発声ができます。

実はプロのボイストレーナーもカラオケの前にこれを取り入れているのだと聞いてびっくりしました。誰でもうまく歌えるコツなのだそうです。

【腹式呼吸のトレーニング】

ステップ① 正しい姿勢で立つプリマドンナ（姿勢法）

足は肩幅より少し狭く開き、両足に均等に体重を乗せます。

重心は、踵《かかと》側ではなく、前方のつま先寄りにします。

このとき、お尻、背中、肩、首、頭が一直線になるように背筋を伸ばしてください。

プリマドンナが舞台に立つようなイメージです。

ステップ②　おなかに力を入れて息を吐きます

右手をおなかにあてて、左手は口の前においてください。

冬の寒いときに、手を息であたためるようなイメージで「ハァー！」と息を吐いてみます。それが、腹式呼吸です。息を吸うときは鼻から自然に入ってくる感じです。

ステップ③　10秒間、息を吐く練習をします

「1、2、3、4、5、6、7、8、9、10」と10秒間、腹式呼吸で長く息を吐いてみましょう。これを3回やったら、今度は20秒間、長く吐く練習です。

それを3回やったら今度は30秒間にチャレンジ。これで約5分間。毎朝、5分間、練習をしてみましょう。1日のはじまりに腹式呼吸をすると、爽やかな気分で活動できます。

〔23〕

✕

小さな声は、生まれつきなので、大きくできない

○

小さな声は、ちょっとした訓練で、大きくできる

2つ目のトレーニングは、小さい声を大きくできる「ゾウの鼻発声法」です。

もちろん、声が小さくてもライブ配信は可能です。

最近は技術も進歩しているので、小さな声でもマイクがうまく拾ってくれるでしょう。「小さい声はユニークな個性」と、前向きに捉えることだってできるはずです。

とはいえ、やはり大きな声のほうが、聞き手のストレスになりません。

「聞きたい箇所が聞こえなかった」と視聴者を失望させないためにも、大きな声で話すことを目指したいものです。


「大きな声で話すように心がけましょう！」

そうお伝えしても、精神論だけでは解決しにくいもの。

ですから、これからご紹介する「ゾウの鼻発声法」を試してみてください。

秋竹さん曰く「声が小さいということは、発声が十分にできていない」のだとか。

発声といっても、**腹式呼吸で息を吐くときに声を乗せればよいだけ**なのですが、それが難しい人も多いようです。

その原因の1つが「ノドの力み」です。ノドに力を入れる癖がついているから、話すときにノドが詰まったように感じるのだそうです。

「ゾウの鼻発声法」を行うと、ノドを含めた上半身の力をうまく抜いて、スムーズに発声できるようになります。

そもそも上半身に力が入ると、いいことはありません。ぎこちなく見えるし、肩も凝ります。また胸式呼吸になって「伸びやかな声」から遠ざかってしまいます。

【小さい声が劇的に変わる「ゾウの鼻発声法」】

ステップ① まずは腹式呼吸をします

腹式呼吸で発声すると、人間の聴覚に届きやすい周波数になるのです。ですから、声がよく通ります。しかも、腹式だと大きな声も出るようになるのです。

ステップ② 腹式で息を吐くときに声を乗せます

まずは、息を吐くときに声を乗せる練習をしましょう。

腹式で呼吸し、息を吐くときに「アー」と声を出してみます。

ステップ③　ゾウのポーズで声を出します

腰を前に曲げて、腕も首も脱力してだらんと下げます。

まるでゾウの鼻のように上半身をだらりとするのです。

そして、「アーア、アーア、アーア」と声を出しながら、ゾウの鼻のように左右に体をゆさぶります。こうすることでノドが開いて声が出やすくなるのです。

〔24〕

×

声帯を、ピンポイントで鍛えることなんてできない

○

声帯は、ピンポイントで鍛えることができる

3つ目のトレーニングは、若さをキープする「声帯の筋トレ」です。

声帯とは、のどぼとけの下にある、左右2本のひだ（筋肉）のことです。

左右一対のペアになっており、開いたり閉じたりします。

声帯とは、とても小さな筋肉です。女性は約1cm、男性は約1・5cm。

血管がほとんどない組織で、表面は粘膜に覆われています。

息を吸うとき、声帯は開きます。

声を出すとき、声帯はぴったりと閉じます。


もし、声帯の周辺に問題があって、ぴったり閉じることができなければ、出したい声が出せなくなります（声の大小、音の高低など）。

ですから、声の音域が狭くなったり、声がかすれるようになった場合。

「声帯がうまく閉じられていない」「声帯の機能が落ちて、微調整ができなくなっている」などの原因が考えられます。

そのおもとには、声帯の周りの〝**筋肉の衰え**〟が横たわっているはず。

つまり〝**声帯の老化**〟を気にしたほうがよいでしょう。

声帯の粘膜にはアプローチができません。

でも、**声帯の筋肉をピンポイントで意識的に鍛えることは可能**です。

「人の筋肉は、鍛えない限り、年に1%ずつ低下する」というデータがあります。

ノドの筋肉も同じこと。使わなかったり鍛えなかったりすれば、衰える一方です。

秋竹さんによると、「歌手の方がいつまでも若々しい声で、年をとってもちっとも変わらない声を出せるのは、日々、声のトレーニングをしているから」だそうです。

また**「何歳になっても鍛えることは可能」**なのだとか。それはうれしいことですね。

【若さを保つ「声帯の筋トレ」】

ステップ①　自分のゼロベースの声の高さを知りましょう

自分が一番出しやすい声の高さがあなたのゼロベースです。

ステップ②　腹式呼吸で声を出してみます

まずは、ゼロベースで「アーアッ、アーアッ、アーアッ」と声に出してみます。

ステップ③　高さを変えて声を出します

音を低くして「アーアッ、アーアッ、アーアッ」と声に出してみましょう。
次は高い音程で「アーアッ、アーアッ、アーアッ」と声に出します。
声の高さが違うと、声帯の動く場所が違います。
普段使わない筋肉を使うことで筋トレになるのです。

〔25〕

○

滑舌の良しあしは、
一瞬で変えられる

×

滑舌の良しあしは、
一生変えられない

「小声問題」に並んで、よく聞くお悩みが「滑舌問題」です。

ライブ配信のプロとしては「それも、あなたの〝らしさ〟」とお伝えしています。

「とはいえ、それでもやっぱり気になるんです！」

そんな方のために、滑舌をよくする方法について触れておきましょう。


滑舌問題は、腹式呼吸を意識することで、自動的に解消されることがよくあります。

それほど、腹式呼吸は話し方の要なのです。

ですから、まず腹式呼吸を徹底し、マスターしてみてください（121ページ参照）。


そしてここからは**共感ボイスクリエイターの桑原麻美さん**から教えていただいたことを、許可を得て紹介させていただきます。桑原さんは、現役の売れっ子フリーアナウンサー。テレビ局からのオファーも絶えない、大ベテランです。

桑原さんは、あるとき医療関係のナレーションで、手強い言葉たちに出合います。

「手術」「術者」「施術」「術野」「術中」「心室」「術前」……。

「言いにくい言葉ばっかりやーん！」

しかし、プロとして涼しい顔でそれらを読みこなさなければなりません。

滑舌をよくする〝ちょっとしたトレーニング〟を行ってから臨んだことで、無事に収録を乗り越えたそうです。

「ちょっとしたトレーニングって、いったいどんなもの？」

一流のプロ、桑原さんも現場で実践しているトレーニング、気になりますよね。

そのうちの1つをご紹介します。


【滑舌をよくする方法】


舌のストレッチをします。

舌を下にベーッと出して、その後左右に5秒ずつ伸ばす。

その後、口の中で舌を「右回り」「左回り」、各5回ずつグルグル回す。


桑原さんのように、現役のアナウンサーでも、本番前には舌を鍛えているわけです。

「もっと滑舌がよくなりたい」という人は、ぜひ試してみてください。

また、舌とは〝筋肉〟です。全身の筋肉と同じで、使わなければ衰えていきます。

厚生労働省の調査によると、「脚力や握力が弱い人は、舌の力も弱い」という事実が判明しています。ですから全身の筋力と同様に、舌の筋力も意識していきましょう

舌の役割とは「おいしいものを味わう」だけではありません。

あなたの滑舌を左右するほど、重要な器官なのです。

[26]

〇

ライブ配信に向いているのは、高めのトーン

×

ライブ配信に向いているのは、低めのトーン

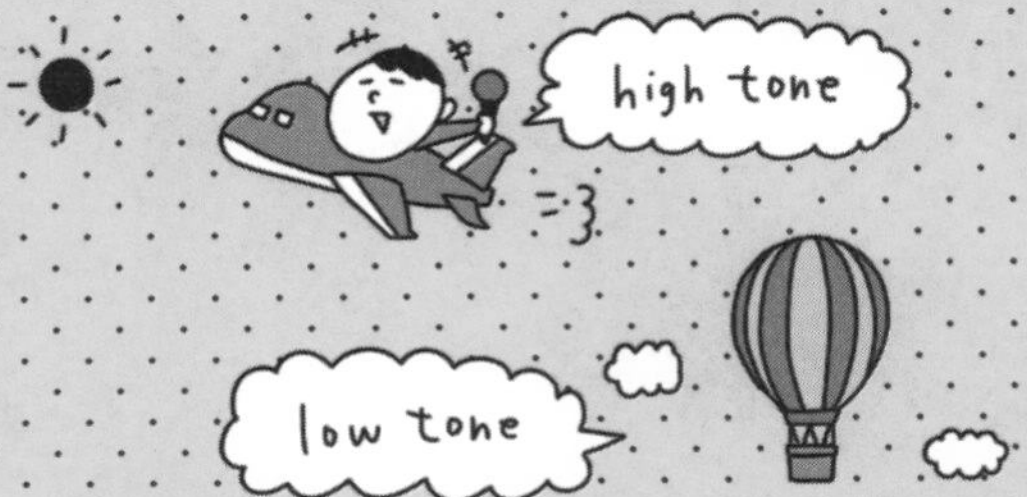

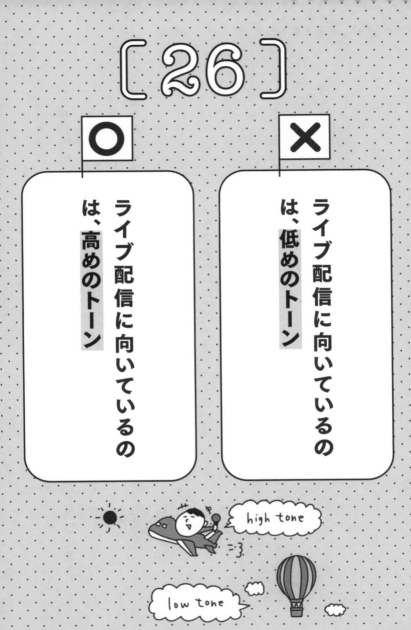

「ライブのときは、どんな声で話すといい？」と、よくご質問をいただきます。

私はよく「高めのトーンで楽しそうな声」とお答えしています。

トーンとは、声の高低のこと。声は、その高低によって異なる印象を与えます。

・高めのトーン……明るさ、元気さなどを感じさせ、さわやかな、印象を与える
・低めのトーン……安定感、信頼感などを感じさせ、落ちついた印象を与える

「信用第一」という職業に就いている人や、信頼性を担保したいという人なら、低めのトーンで話すことが正解です。たとえば政治家や企業の重役の場合。低めのトーンで、重々しく話すほど、「その立場にふさわしい」と感じてもらえることでしょう。

わかりやすい例が、国会での答弁や、謝罪が目的の記者会見です。

ですが、ライブ配信で重要なのは「親しみやすさ」「楽しさ」です。

「話を聞いて元気が出た（楽しかった）」と喜んでもらい、共感に導くことがゴール。

だから**ライブには、明るさや元気さを表現できる「高めのトーン」が最適**です。

そもそも、低めのトーンの場合、マイクを通すと、声がどうしてもこもりやすくなります。つまり、視聴者にとって聞き取りにくくなるのです。

すると「やる気がないのかな」「消極的だな」と受け取られかねません。

技術的な面でも、高めのトーンで話すことをおすすめします。


さらに言うと、元気でないときも少し頑張って高い声を出すのがおすすめです。**「しんどいときにも、高めのトーンで明るく話すうちに、本当に元気になっていくこと」**が科学的に証明されているからです。**高めのトーンの明るい声は、脳内ホルモン「ドーパミン」の分泌を促してくれます。**


ドーパミンとは、快感や多幸感を与えてくれたり、〝意欲〟をつくったり感じたりする神経伝達物質の1つです。

また、ドーパミンの分泌によりアルファ波も強くなります。

アルファ波が強い状態は、脳が最も力を発揮しやすくなると言われています。

反対に〝暗い声〟を出すとアルファ波は抑制され、不快になるのだそうです。


とはいえ、どの程度の「高さ」が正解なのか？　迷う人も多いでしょう。

ライブに適した〝共感されるトーン〟とは、「ソ」の高さです。

楽器などで確認する必要はありません。その人にとっての「ソ」の高さです。

この説は、**元テレビ朝日アナウンサーのまこさん**に教わったものです。

まこさんは「話し方はスポーツと同じ」と唱え、ロジカルな話し方を多くの人に指導されています。

「ドレミファソ」と、自分で音程を取ったとき。その人の「ソ」に相当するトーンが、好感を持たれやすい高さのトーンなのだそうです。

「いつもの話し声のトーンより高い！」と驚かれる人もいるかもしれませんが、「ソ」のトーンで話すだけで、驚くくらい明るくはつらつとした声になります。

「うまく話すには、腹式呼吸をベースに、全身を効率よく使えばよいのだ」

そう思えませんか。「話す」とは、まこさんの言う通り〝スポーツ〟なのです。

〔27〕

×

相手が共感してくれるかどうかは、運次第

○

相手が共感してくれるかどうかは、腕次第

ライブ配信を始める上で、相手に〝共感〟してもらうことは、とても大事です。なぜなら共感してくれた人の中から、ファンが生まれてくるものだからです。

共感を呼ぶためには、「話の内容」と同様に、「話し方」にもほんの少し気を配ってみてください。

ここで、お客様にも異性にも共感され、モテ続けている女性をご紹介しましょう。

現役フリーアナウンサーの宮崎まゆみさんです。

宮崎さんは、30歳から通販番組で商品アドバイザーとして活躍されてきました。「美顔器を1日で1・8億円売ったり、空気清浄機を1日4億円売った」という輝かしい実績をお持ちです。また、私の講座を受けたあとに初のライブセミナーを行い、月収180万円を達成されました。現在は、お客様や異性にモテるスキルを伝授するコミュニティ「モテ声」を主宰されています。

「宮崎さんが話すと、いったいなぜ売れるのか」

そんなテーマで、コツをいくつかうかがったことがあります。ここでは彼女の許可を得て〝宮崎さん流・共感を呼んでモテる話し方〟のコツを2つ、お伝えします。

①緩急をつけて話す

一本調子でしゃべっている人は、通販番組にはいません。

・表情をつける
・声も大小、高低、速度で変化をつける

右の2つを少し意識するだけでも、声に表情をつけることができます。

また、最初の挨拶だけでもハイテンションで行うことで、好印象が得られます。

②エモーショナルに話す

通販番組で言えば、その商品が好きな気持ちや、その商品を初めて買ったときの感情（感動）を毎回、「今日買った」ように話すことが大事です。

つまり過去のことでも、何度でも「今、感じている」ように話せると、理想的です。

宮崎さんが提唱するように、緩急をつけて話したり、エモーショナルに話したり。

つまり話し方に感情を込めることで、ぐんと共感されやすくなります。

その理由には、「ものまね細胞」とも呼ばれる**神経細胞「ミラーニューロン」**が深く関わっています。

ミラーニューロンは1996年、イタリアの脳科学者ジャコモ・リゾラッティをリーダーとした研究グループにより発見されました。

その「ミラー」（鏡）という名前の通り、**他人の行動を見て、自分が行動したかのように脳内で反応する神経細胞**を指します。

たとえば赤ちゃんに舌を出すと、真似をするのは、ミラーニューロンの作用によるものとされています。

リゾラッティらがミラーニューロンを発見したのは、偶然の出来事だったそうです。

1996年、猿（マカクザル）がものをつかむとき、脳のどの部位のニューロンが発火する（反応する）のかを調べていた日のこと。

休憩中、猿を観察している人間が近くにあったものをたまたまつかんだとき、それを眺めていたサルのニューロンが発火したのです。

とはいえ、そのサルはおとなしく座っているだけで、自分で何かをつかもうとしていたわけではありません。

それなのに「つかむ」という行為に関連するニューロンが発火しました。

つまり**「他人の動作を見る」だけで、まるで自分が動いたのと同じようにニューロンが反応した**わけです。

この現象こそ〝共感〟です。

これは、サルを対象とした実験でしたが、人間にも当てはまることだそうです。

つまり**人間には第三者の感情について共感する力が、生まれつき備わっています**。

ですから、伝えたいことがある場合。**感情を込めて話すほうが、相手により共感されやすくなります。**

常識から逸脱しない範囲で、できればポジティブな感情を、多くの人と共有していければ最高ですね。

宮崎さんは「声」を「神様から贈られたあなただけの楽器」と形容されています。

「体を使って演奏していますか？　どんな演奏を奏でるかは、あなた次第です。**その音に共鳴して集まる人・仲間・友達・パートナーもあなたが引き寄せています**」

多くの人に共感される話し方、共鳴される話し方を目指していきませんか。

【参考文献】ジャコモ・リゾラッティほか著『ミラーニューロン』（紀伊國屋書店）

〔28〕

○

共感されやすいストーリーは、誰にでもつくれる

×

共感されやすいストーリーは、プロにしかつくれない

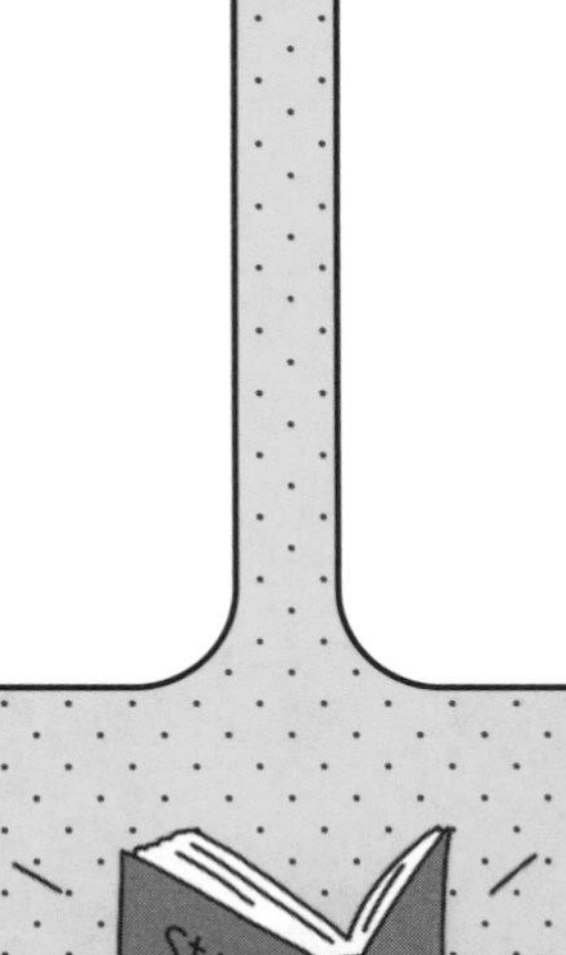

共感を呼びやすい「話の内容」についても、考えてみましょう。

何かを伝えるとき、〝物語〟を語るかのようにストーリー仕立てで話すと、人の感情を動かしたり、強い印象を与えたり、共感されたりしやすくなります。

聞き手は、自分の境遇や気持ちを、その〝物語〟と重ねやすくなるからです。

アメリカ・スタンフォード大学のジェニファー・アーカー教授によると、**事実や数字だけを羅列して話すよりも、ストーリーがあることで、22倍も人の記憶に残りやすくなる**そうです。

このように、ストーリー仕立てで話すことを**「ストーリーテリング」**と呼びます。

ストーリーテリングは、マーケティングの世界でも活用されています。

企業が消費者に思いを伝えたいとき。ストーリーの力を借りて、**より記憶され、共感され、好感度をアップさせることを目指す**わけです。

ストーリーテリングの有効性を実感した経験は、きっとあなたにもあるはずです。

たとえば、歴史の授業のことを思い出してみてください。

歴史上の連続する事件を、断片的に、機械的に覚えようとするよりも、「どのような時代背景だったのか」「共通する登場人物はどのようにつながっていたのか」「どのような流れで事件は引き起こされたのか」など、〝物語〟を読み解き、理解しながら覚えたほうが、頭にすんなり入ったはずです。

つまり、ストーリーテリングとは、訴求力の高い伝え方なのです。

ここで興味深い実験を1つお伝えしましょう。

2009年、アメリカのロブ・ウォーカーというジャーナリストが行った実験です。

「ストーリーテリングによって商品の価値が60倍以上に跳ね上がった」という結果が得られています。

ロブ・ウォーカーは、eBay（通販サイト）で、1ドル前後の品物を200個買い、200人の作家それぞれに「品物について物語を書いてほしい」と実験への協力を呼びかけました。

そして、「作家が書いてくれた物語つき」の商品200個を、eBayに出品しました。

すると飛ぶように買い手がつき、合計129ドル（約1万3000円）で買った200個の商品を、合計8000ドル（約80万円）で転売できたのです！

値段が跳ね上がった商品の1つに、馬の置物があります。99セント（約99円）で買ったものが、作家による物語をつけたことで、62ドル95セント（約6300円）で売れたのだとか。

物語によって、付加価値が高められたことがよくわかりますね。

とはいえ、実際どうすれば、話の内容をストーリー仕立てにできるのか。

共感を誘うストーリー型トークの〝さやか流テンプレート〟をご紹介しましょう。

このテンプレート自体は、あらゆるテーマに応用が可能ですが、ここではわかりやすくするために「三浦さやかの自己紹介文をつくる」という設定で進めます。

①マイナスを伝える

【受験ドラマ」にたとえると】……「模擬試験F判定！」

いきなり、成功している現状を見せることはしません。最初のスタート地点は、あえてマイナスの部分を選びます（そうでないと、共感されにくいからです）。

私の人生で言うと「手取り20万円の普通のOLが副業を始めたものの、最初は月1万円も稼げず、睡眠時間も3時間だった」という過酷な時期が相当します。

②転機を伝える

例：【「受験ドラマ」にたとえると】……「良い家庭教師との出会い」

転機として「こんなきっかけがあった」というところを伝えます。

私の場合は「安い月給でもよく働いてくれるコスパの良い女」と上司に言われたこと、「このままじゃ私の人生何も変わらない」と一念発起して、高額なビジネス塾に入塾したことなどが、ここにあたります。

③進化・成長を伝える

例：【「受験ドラマ」にたとえると】……「成績が突然急上昇」

私の場合は、「当時のビジネスの師匠に出会ってメルマガを始めたことで業績が伸び、副業で月収7ケタに到達した」という時期になります。

④明るい未来を伝える（トランスフォーメーション）

例：【「受験ドラマ」にたとえると】……「受験に向け、順調に成績を伸ばしたい！」

私の「現状」を、まず提示します。「ＯＬを辞めて社長になり、素敵な受講生たちに囲まれてやりがいのある楽しい毎日を送っている」というのが現状です。

そこに、ポジティブな展望や目標、夢をつけ加えます。


コツは、エピソードを「時系列」に沿って配置することです。

たとえば、現在と未来を行ったり来たりする話し方では、聞き手は混乱します。

また、終わり方に希望が感じられない場合。聞き手は、共感しにくくなります。

シンプルに**「過去↓現在↓未来」をつなぎ、右肩上がりの線で、話の構造を組み立てる**ことが肝心です。

[29]

○

カッコ悪い昔話は、
ネタにする

×

カッコ悪い昔話は、
封印する

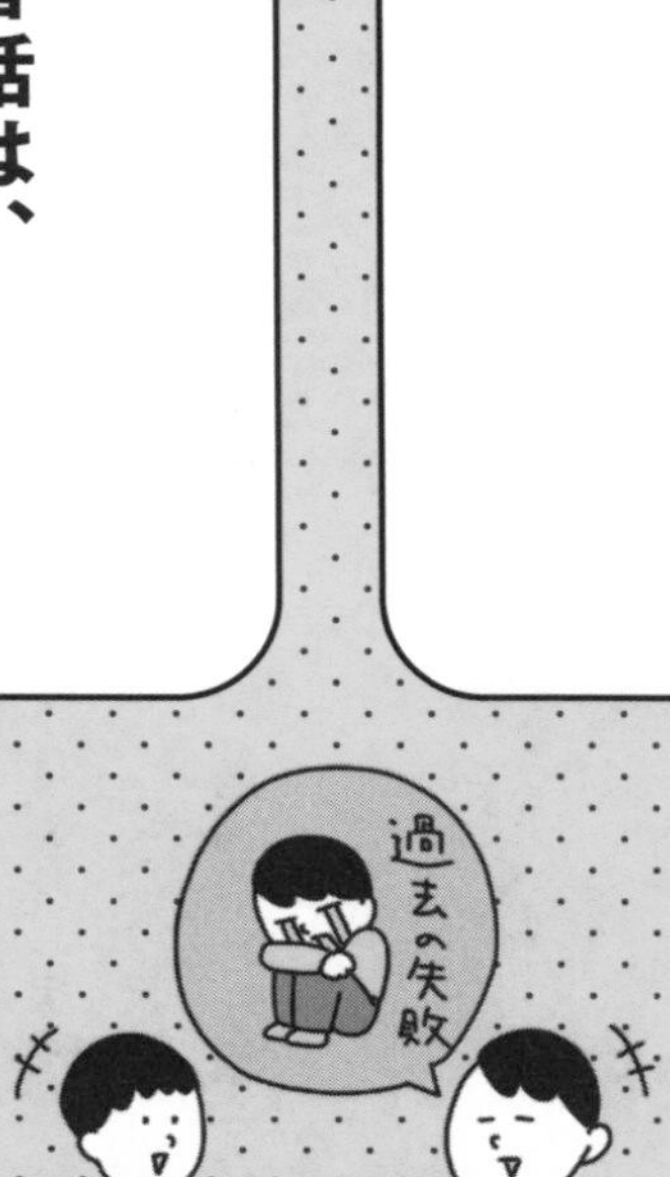

前で見たように、自己紹介文（プロフィール）づくりは、ストーリーテリングのよい練習になります。ライブでも即使えます。

あなたもぜひ、つくってみてください。

自分のことを振り返り、書けばよいわけですから、気軽に取り組めることでしょう。


「自分のカッコ悪い部分については、恥ずかしいので隠しておいていいですか？」

こんな質問もよくいただきます。そのお気持ちはよくわかります。

ただ、**弱みや欠点、失敗など、一見ネガティブに感じられることのほうが、他人の心に刺さりやすい**のです。


アメリカ合衆国の大統領、エイブラハム・リンカーンは大統領選で、「私は多くのアメリカ人と同様、貧しい家に生まれた」と、自分の生い立ちを包み隠さず話しました。

その結果、多くの大衆から好感を持たれたと専門家が指摘しています。

さらに言うと、マイナスな部分を打ち明けるとき、数値が入っているなど、表現が具体的であればあるほどインパクトを増して聞き手に伝わります。

たとえば私の自己紹介文（149ページ）にあった、次のようなワードです。

「手取り20万円の普通のOL」「最初は月1万円も稼げない」「睡眠時間も3時間」すると、聞き手は無意識のうちに「今の自分と（昔の自分と）似ている」と比べることになり、関心が呼び起こされたり、共感したくなったりします。


また人には「返報性の法則」という心理があります。

「相手にされたことを、自分もお返ししたくなる」という心の動きです。

この場合**「自己開示の返報性」**という法則が働きます。

自己開示とは、言葉の通り「自己を開いて示すこと」です。

自分のプライベートなことまで、ありのまま率直に伝えるという意味です。

自分の弱みを話すことで、聞き手の警戒心を解き、心理的な距離をぐんと近づけることができます。

ですから、SNSの投稿やライブ配信で日頃から自己開示ができていると、それを見聞きした人は無意識のうちに親近感を持ってくれるようになるというわけです。

実際、私は好意的なコメントと同じくらい、お悩み相談も数多くいただきます。

「私も、昔のさやかさんと同じく普通のOLですが、○○に悩んでいます」

「さやかさんのように仕事と育児を両立させたいのですが、○○に困っています」

このように、自身の私的な事柄を開示して相談してくださるのは、「あのような体験をしたさやかさんだから、わかってくれるはず」という信用があるからでしょう。

それは、とても光栄なことです。

このように、人間関係の構築のためにも**「カッコ悪いところ」も含め、自分の行動や考えを明らかにしていく姿勢は大事**です。

「恥ずかしい」「炎上が怖い」などの理由で、自己開示を避けていたら、「何を考えているのかわからない人」と捉えられ、興味を失われかねません。

アメリカの心理学者・ルービンは「自分が正直に話した分だけ、相手も同様に心を開いてくれること」を実証しています。

ルービンは、ボストン空港の待合室で、「実験者が、まったく面識のない被験者に話しかける」という実験を行いました。

実験者は、初対面の被験者に「筆跡の調査に協力してほしい」と依頼します。

そして「あなたに何か文章を書いてほしい」と、見本の文章を提示します。

その文章は、自己開示の程度によって3種類あります。①少なく自己開示した文章、②中程度に自己開示した文章、③多く自己開示した文章です。

実験の結果、少なく自己開示した文章見本を見た被験者は、同様に少ない自己開示の文章を、多く自己開示した文章を見た被験者は、同様に多い自己開示の文章を書いたといいます。

つまり人は、**多く自己開示されるほど、多く自己開示したくなる**のです。

さらに言うと、「文章見本」が親密な内容であればあるほど、被験者の書いた文章も親密で、**親密な答えを書いた人ほど、実験者に好意を示した**そうです。

このように過去の失敗や恥ずかしいこと、そして現在の悩みなども、話すことで相手に好感を与えることができます。

それは「自分が信頼されている」「自分が大事にされている」という証拠だからです。
つらかった経験も、笑ってネタとして伝えられるようになれば、最高ですね。
でもどのような経験も、今のあなたをつくる、かけがえのない人生の一部です。
それが、あなたの〝個性〟を培ってくれたことは、間違いありません。

ライブ配信では、あなたの個性も大きな魅力の一つ。
個性のない人なんていませんし、「みんなと一緒」を目指す必要もありません。
あなたは、あなたの持ち味を最大限に活かしてください。
そして、**自分で見つけたジャンルでオンリーワンの存在を目指してください。**

〔30〕

×

平凡な人は、共感されにくい

○

平凡な人こそ、共感される
ポイントに恵まれている

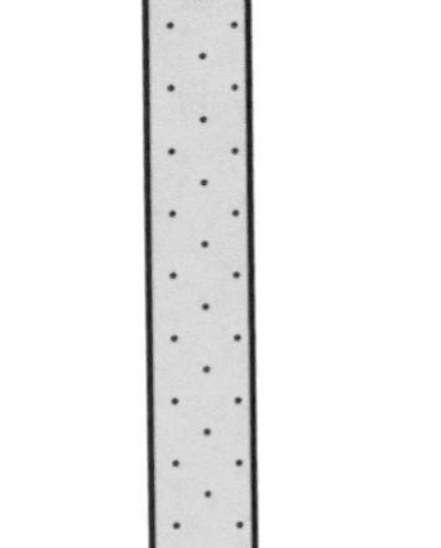

「平凡で失敗談も特にない私は、共感してもらいにくいのでしょうか？」

そんな人もご安心を。

共感を呼ぶには、さまざまな方法があります。

〝インパクト大な失敗談〟がないなら、「私と同類！」と感じてもらえばよいのです。


たとえば、次のような属性を探してみてください。

「会社勤めである」「仕事で毎日疲れ果てている」「地方出身者である」「昭和生まれである」「婚活中である」「子育て中である」「映画好きである」「人気俳優◎◎のファンである」「食べ歩きが趣味である」「ダイエット情報マニアである」……。


何かしら、多くの人に共通しそうなこと（属性）があるはずです。

それをプロフィールに盛り込んだり、会話の途中に入れ込んでいきましょう。

人には**「類似性の法則」**という心理があり、**「自分と共通項がある人には好意を持ちやすい」**ということがわかっています。その心理を活用するのです。

それが、雑談のような形になってもかまいません。雑談的なリラックスした雰囲気の中で発せられた言葉こそ、聞き手にむしろ届いていることもありますから……。

組織に勤めるビジネスパーソンが、初対面の人と雑談をする場合。天気や時事問題など、自分とかけ離れた無難な話題を選ぶのが常でしょう。ですが**ライブでは、雑談の瞬間も、絶好の自己開示の場**として捉えてください。

本題の前に自分をネタにした雑談を挟む方法を**「シュムージング」**と呼びます。シュムージングにより、相手の心をかなりの程度まで引きつけられることがわかっています。

2002年、アメリカ・スタンフォード大学の研究チームによって行われた次のような実験があります。

100人の学生に「慈善事業への寄付を募るように」という指示を出しました。そして学生たちを3つのグループに分け、どのグループが最も効果的に寄付金を集められたのかを調べたのです。

①突然、寄付をお願いする文章を、メールしたグループ
②メールの最初に、自分の故郷の話や、好きなスポーツの話などの雑談を書き添えてから、寄付をお願いする文章をメールしたグループ
③相手に電話をかけ、自分の趣味などの雑談をしてから、改めて寄付をお願いする文章をメールしたグループ

結果、①よりも②のほうが、寄付をしてもらえる確率が20％アップしていました。また②よりも③のほうが、成功した確率が高くなっていました。つまり、**自己開示をしたほうが、相手に協力してもらえる可能性が20％も高くなる**わけです。

特に初対面の人と話すときは、意図的にシュムージングを増やしましょう。興味や好意を持ってもらえたり、共感されたりする可能性が高まります。

[31]

✕

話は長ければ長いほど、
たくさんの内容を伝えられる

○

話は短ければ短いほど、
結果的にたくさん内容を
伝えられる

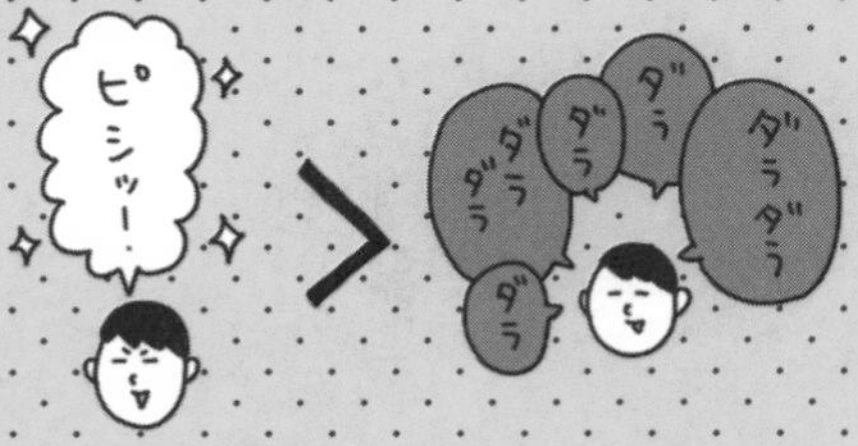

インパクト大の失敗談、共感してもらえそうな共通点……。

「自分にまつわる伝えたいことが多すぎて、ずっと話せそうです」

そんな人は、ちょっと待って。話す時間は、長すぎないほうがよいのです。

前にもお伝えしたように、聞き方と話し方の〝黄金比〟は9対1。「全体の9割は相手の話を聞く姿勢」が理想的。ですから、たとえ「1人で行うライブ配信」でも、〝自分語り〟に終始していては、理想的なコミュニケーションから離れてしまいます。

そこで覚えておいてほしいのが「エレベーターピッチ」という言葉です。


エレベーターピッチとは、15～60秒程度で相手を引きつけ、チャンスをつかむための話術のこと。シリコンバレーが発祥の地とされています。

「エレベーターの中で投資家に出会った起業家が、エレベーターが到着するまでの数十秒間に、自社の強みを伝える」というのが由来です。

要は、短い時間に効果的にプレゼンできると、相手の印象に残りやすくなるのです。

短期記憶の保持時間について調べた**「ブラウン＝ピーターソン・パラダイム」**によると、**人の記憶力は15秒を過ぎたあたりから低下していく**そうです。

つまり、話の内容が素晴らしくても、話す時間が長いと相手から記憶してもらえないことになります。自分の全情報を話しきろうとせず、簡潔明瞭に、面白いネタ優先でストーリーを構築してみてください。

重要なのは、「続きを聞きたい」「また会いたい」と感じてもらうことです。

次の事柄を意識すると、エレベーターピッチをうまく構成できるようになります。

◆GTCメモ

「G」＝ゴール……自分の目的、ゴールです。まず、それを話していきます。

「T」＝ターゲット……ターゲットは絞ることが大事です。「誰にでも売れるものは、誰にも売れない」と言われています。「30代起業家のための」「アラフォー女性のための」など、大まかでよいので設定してみましょう。

「C」＝コネクト……アプローチ方法です。ゴールを達成するために、ターゲットにどのようにアプローチするのかを想定しておきましょう。

私の過去の自己紹介では**「G＝月収3倍、T＝ママや起業家、C＝Zoom活用」**。

ですから**「ママや起業家にZoom活用で月収3倍を達成してもらう」**という自己紹介をしています。

◆フック

相手を惹《ひ》きつけるための〟つかみ〟ですから、非常に重要です。たとえば法人向けに話す場合は「今の人員の半分で○○ができる」など、具体的に描写しましょう。

◆ポイント

「今よりも売上がアップする」などのポイントを伝えることも大事です。

◆クロージング

相手を行動に導くための最後の一押しです。「期間限定」「今なら半額」などの、決め手になることを最後に付けることをお忘れなく。

〔32〕

○

撮影に必要なのは、自撮り棒と笑顔&良い姿勢だけ

×

撮影に必要なのは、ハイスペックな機材

ここまで読んでいただくと、そろそろ実際にライブをしてみたくなったはず。

ぜひ、ＳＮＳでライブ配信をしてみてください。**「最初に自己紹介をしてから、自分の考えを伝えたり、何かをレポートしたりする」**というのが大きな流れです。

「ライブ1回で1テーマ」という原則を覚えておけば、気軽に始められるでしょう。

自己紹介文さえ固まっていれば、（特に明確な目的がない限りは）台本がなくても大丈夫。ノリと勢い重視で話してみてください。

もし伝えたいことがある場合は、箇条書きのメモを用意しておきましょう。

最初のテーマとしておすすめしたいのは、**魅力あるスポットを歩き「○○に来ています。○○が見えます……」などと実況をするライブ**です。

たとえば、緑が多いエリアや素敵な名所を歩きながら、その魅力を伝えます。自然の風景には癒やされるものです。誰でも、ずっと眺めていたくなります。

また、話題の名所や流行のスポットに興味を持つ人は多いもの。ですから、話し方がとびきり上手でなくても、多くの人に視聴してもらえる可能性が高まります。

大事なのは「ライブで私のことを知って！」という我欲にとらわれすぎないこと。

「素晴らしい情報をお届けすることで、皆さんのお役に立ちたい」

これくらい利他的な精神でライブをすると、結果的に多くの視聴者に恵まれるはず。そんなギブの精神でいると、ライブの場所選びも楽しくなりますよね。

ほかに**ホテルや飲食店などで仲間たちと一緒にレポートをする**のもおすすめです。（飲食店の場合は個室が理想的ですが、大声でなければ一般席でも大丈夫です）参加者全員をタグ付けすれば、ネット上での拡散力が格段にアップします。

「でも、ライブのためにはマイクやカメラ、ライトなど、高価な機材が必要でしょう？」

よくこんな質問をいただきますが、答えは「ノー」。

マイクもカメラも、スマホに内蔵されているもので十分です。

また屋外で撮る限り、ライト（照明）は必要ありません。

「あると便利なもの」を強いて挙げるなら、**自撮り棒**です。たとえば歩きながら自撮り棒を使って自分の姿を撮り続けると、臨場感を伝えることができます。

もちろん、**自撮り棒とセットで〝笑顔〟も必須**です。

できれば意識的に口角を上げ、楽しそうな雰囲気をお届けしましょう。

実際、「自分が笑顔だと信じている表情」と、「他人が〝笑顔〟だと認識してくれる表情」の間には、大きな乖離《かいり》があります。

自分では「笑いすぎ」と感じるレベルでほほ笑んでいても。他人から見ると「いつもの真顔」としか認識されていないことが珍しくないのです。

ぜひ、あとから動画をチェックして、笑顔かどうかを確認してください。

（ライブ動画の復習については、次の項目でお伝えしますね）

笑顔の次に大事なのが、**姿勢**です。動画には、全てがありのまま映し出されます。

オンラインでも、姿勢の良しあしはわかるもの。立っているときも、座っているときも、背筋を伸ばし、デコルテ（胸部）を開きましょう。猫背も巻き肩もNGです。

「鎖骨からビームを出しているつもり」でカメラに向かうと、すらりと見えます。

ライブ中は、**ジェスチャー**も重要。手を振ったり、目に見えるものを指でさしたり

「オーバーリアクションかな」と思うくらい動きましょう。

お手本はYouTuberの中田敦彦さん。大人気チャンネル「中田敦彦のYouTube大学」を見ていると、内容はもちろん身ぶり手ぶりも交えた話し方のうまさに驚嘆します。「話しながら、全身で表現をしていいのだ!!」と〝思考の枠〟がよい意味で外れます。

もう1つ、中田さんの動画から学びたいのは**「早口」**である点です。

リアルの場ではともかく、オンラインでは早口で話すのが正解。ゆっくり話すと、視聴者はどんどん離脱してしまうからです。

「せっかちさんを飽きさせない」と肝に銘じてください。

ライブの長さは、**30分~1時間**。長ければ長くてOK。ライブを2時間続けても、視聴率はさほど変わらず、視聴し続けてくれます。

もちろん、最初は15分間というショートバージョンでもOK。ただし短すぎると、多くの人に見てもらう前にライブが終わりがちなので、気をつけてください。

ライブ中、余裕があれば視聴者さんに質問を投げかけてみましょう。

「私に、何か聞きたいことはありますか？」

「質問があれば、どんどんコメントを書き込んでくださいね」

ライブでは、視聴者さんとのコミュニケーションが実は大切です。

潜在的なお客様のニーズをリサーチできる瞬間でもあるからです。

ここから、将来のあなたが世に問う商品やサービスが生まれてくるかもしれません。

「何をすれば、人のお役に立てるのか」「社会に貢献できるのか」

明確な答えがほしい場合、率直に聞くのが一番です。

より多く質問してもらうためにも「親しみやすい雰囲気」「話しかけやすい雰囲気」を意識してみてくださいね。

〔33〕

×

ライブ上達の秘訣は、量より質

○

ライブ上達の秘訣は、質より量

ライブを一度行ったら、動画を見返して次の項目を確認してみましょう。

【動画を見返すときに確認したい7つのポイント】

- □ 声の大きさは適正か（聞き取れるか）
- □ 声の高さは適正か（聞きやすいトーンか）
- □ 話す速さは適正か（ゆっくりすぎてはいないか）
- □ 表情が明るいか（笑顔ができているか）
- □ ネガティブな発言を繰り返していないか
- □ 視聴者への呼びかけができているか
- □ 視聴者からの声に答えられているか

動画を見返すと、さまざまな発見があるはず。たとえば自分の意外な口癖に気づけるかもしれません。それがポジティブなものであれば、気にする必要はなし。もし、ネガティブに感じられるようなら、次から直せばよいだけです。

話す速度についても、チェックしてみてください。ライブの場合は、「やや早口」に聞えるくらいがベストです。

自分ではよくわからない場合、コミュニティの仲間などに、フィードバックをお願いしてみましょう。ライブの技術を高め合える関係を築ければ、最高です。

ライブでのおしゃべりがうまくなるには、**場数を踏むこと**です。

その証拠に、現在は名だたる大物YouTuberも「昔の動画は消してしまいたい」などとよくおっしゃいます。私も、自身のデビュー当時のライブ動画を見ると、未熟な点が気になって仕方ありません（笑）。

でも、人とは進化する生きものです。スタート当初は、良い意味で**質より量**と捉え、回数を重ねていきましょう。

「私の100％が、聞き手の100％とは限らない」と自分に言い聞かせてください。

そして「1回ごとの完成度を高めること」と同時に、「ライブ配信の回数を増やすこと」も目指していきましょう。なぜなら、人には「繰り返し接するごとに印象が高まっていく」という心理があるからです。

この心理は**「ザイアンス効果」（単純接触効果）**と呼ばれます。

初対面の人と、新しい関係を築こうとしたとき。

付き合いの浅い人と、関係をより強固にしていきたいとき。

1回の接触時間を長くするよりも、短い接触時間でもよいので、接触回数を増やしたほうが効果的であることが判明しています。


ちなみに私は平日週3回、Clubhouseで30分、配信をしています。

仲間やゲストもいるので「1人で話しっぱなし」というわけではありませんが、**呼吸をするのと同レベルでライブを習慣化できれば、理想的**です。

〔34〕

○

脳を騙すなんて、超簡単！

×

脳を騙すなんて、不可能！

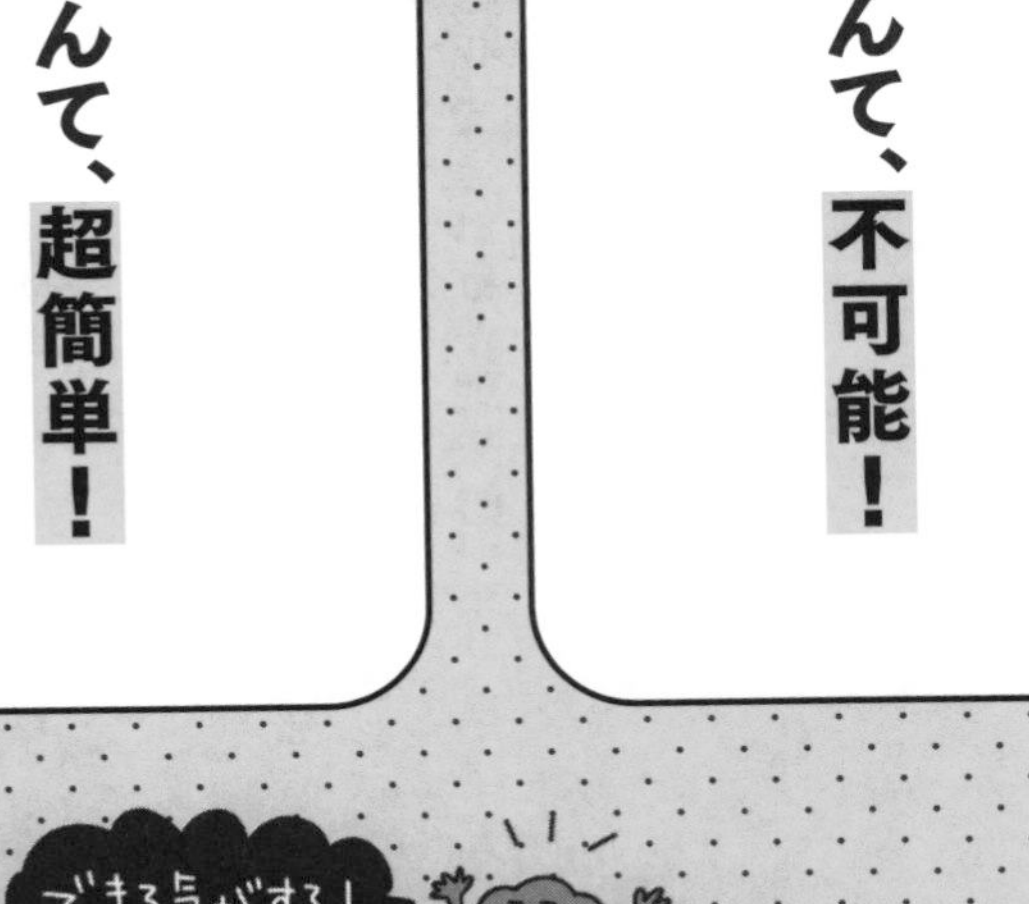
できる気がする！
ちょろいちょろい
できるできる

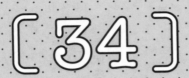

「そうはいっても、ライブ配信なんて、私にはムリ！」

そんなあなたに、「ちょろいの法則」についてお話しさせてください。

これは私が昔、尊敬する師匠に教わった「脳は騙せる」という教えです。

「自分で難しいと思い込んでいる限り、いつまで経《た》ってもできない」

そう感じた経験はありませんか。

たとえば私が起業したとき。海外のサイトで日本のカメラを海外に転売するという副業を始めました。そのとき、最初から「難しい〜〜！」と思ってしまったのです。

当時はカメラに詳しいわけでも、英語が堪能だったわけでもないからです。

自分で「難しい」と捉えている限り、状況が好転するわけがありませんよね。

数カ月で、その事業から撤退。それから師匠に出会い「ちょろいの法則」を学んでから、「チャレンジする」と決めたことは全てできるようになりました。

「ちょろい、ちょろい」「できる、できる」

どんな条件下であれ、そう思ったら何でもできるようになったのです。

これは心理学などでいう**「プライミング効果」**で説明できます。

プライミング効果とは、**刺激（言葉や情報など）が、無意識のうちに行動に影響を与える効果**のこと。「プライム」（事前に教え込む）という英単語が語源です。

幼少時、「10回言ってみて」と同じ言葉を言わせた後に問題に答えさせる、ひっかけクイズで遊んだことはありませんか？

あのクイズは、プライミング効果をうまく利用した遊びの一つです。

「ピザって10回言ってみて」「ピザ、ピザ、ピザ、ピザ……」

（ひじを指さしながら）「ここは？」

「ひざ！」「違います！　正解はひじです」

「ひざ」と似た音の「ピザ」という単語を繰り返すことで、記憶に強く刻まれ、プライミング効果が起こります。結果、「ひざ」と誤答してしまうわけです。

プライミング効果については、心理学者・ジョン・バルフらの実験が有名です。

大学生を2つのグループに分け、一方には無作為に選んだ単語のセットを、もう一方には「高齢者」を連想させる単語のセットを渡します。そして、それらの単語で短文をつくるよう指示します。

作業後、学生たちの歩く速さを測ったところ、「高齢者」をイメージさせる単語を配られたグループの歩行スピードは、そうでないグループより遅くなったそうです。

つまり**「高齢者」を想起させる単語から影響を受けた学生たちは、無意識のうちに高齢者であるかのように振る舞った**というわけです。

このように、刺激次第で脳は騙せます。前向きな刺激を与えていきましょう。

「ライブ配信なんて、ちょろい、ちょろい！」

この章のまとめ

- ライブ配信に使うSNSや機材などに、こだわりすぎる必要はない
- 話すときは腹式呼吸。なるべく大きめ、高め、明るめの声を出す
- 事実を羅列する話し方ではなく、物語仕立てで話す「ストーリーテリング」を目指す
- 自分の弱みや欠点、失敗などを自己開示すると、共感されやすくなる
- アナウンサーのような「話し方のプロ」を目標にしない。ライブでは芸人のようなマインドで、インパクト重視、ウケ狙いで話すのがいい

第3章

お金を生み出す「コミュニケーション」の法則

〔35〕

○

人脈は「量より質」の精神で築く

×

人脈は「質より量」の精神で築く

「聞き方」と「話し方」の次は、「コミュニケーション」という大きな枠組みでお伝えをしていきます。

そもそもコミュニケーションについて学ぶことが、なぜ大事なのか。

根幹から、お話しさせてください。


コミュニケーションが上手な人は、人生の幸福度を高く保ち続けることができます。

自分が「本質的に頼れる」「尊敬できる」「高め合いたい」「仲良くしたい」と思える相手とつながっていると、何歳になっても幸せに過ごすことができます。

ですから、コミュニケーションの技術を磨いていきましょう。


自分の魅力をそのまま相手に伝えるためにも、人間関係での苦労やトラブルなどと無縁でいるためにも、コミュニケーション巧者を目指したいものです。

また、素敵なコミュニケーションの結果、相手から感謝の印である「お金」が自分にもたらされたとしたら。これほどうれしいことはないでしょう。

実際、私たちを幸せにしてくれるものは、富や名声などではなく、良い人間関係であるということが実証されています。

ハーバード大学が約80年間、７２４人の成人男性を調査し続けた史上最長の研究がありま す。その結果を受けて、ロバート・ウォールディンガー教授は、２０１５年、ＴＥＤトークでこう教えてくれています。

「私たちを健康、幸福にするのは、良い人間関係に尽きる」

また彼によると、その人間関係については大きな教訓が３つあるそうです。

①家族、友人、コミュニティなど、周りとのつながりを持っている人はそうでない人よりも幸せで健康で長生きする

②**身近な人たちとの関係の質が重要である**

③良い人間関係は脳も守ってくれる

大事なことは、人間関係を主体的につくっていくことです。

話しかけられたり、誘われたりするのを待つだけでなく、自ら発信してつながろうとすること。より良い人を求め、自分もそのレベルを目指して成長することです。

具体的な例で言うと、推奨したいのは**尊敬できる師匠や仲間を求めて、セミナーや講演会に参加したり、コミュニティに入ること**。

人脈をつくるために、**ライブ配信など新しい行動にチャレンジすること**。

反対に、おすすめできないのは、たとえばＳＮＳ上で、「誰でもいい」という姿勢で「いいね」をつけたりフォローをしたり、**不特定多数とつながろうとすること**。

人間関係においては、「量より質」のスタンスでいきましょう。

私たちの貴重なリソース（体力、気力、時間など）は、有限だからです。

〔36〕

○

喜んでタダ働きをしよう

×

タダ働きは、してはいけない

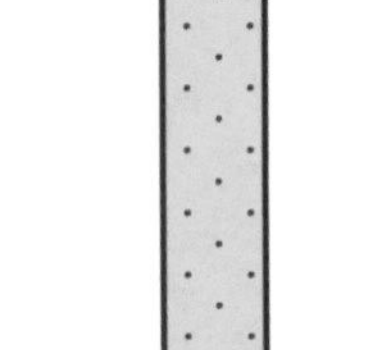

コミュニケーションの技術を高めるには、まず利他的な言動を目指すことです。

利他的とは、「自分に何らかのコスト（体力、気力、時間など）を負いながら、他者に利益を与えようとする姿勢」を指します。

「相手のために、喜んでタダ働きをしよう」というとわかりやすいかもしれません。

実際、私は起業してからコンスタントに、各方面で喜々として〝タダ働き〟を積み重ねてきました（具体的には、相手が主宰するセミナーの運営をお手伝いしたり、情報拡散を支援してきました）。

おかげで、**多くの素晴らしい人たちとつながることができました**。

応援し合える人脈に加え、多くの学びや気づきも得られました。

結果的に、自然な流れで報酬も数十倍になっています。

また実利的なメリットに加え、私自身の心の幸福度もアップしました。

それは私にとっては、予期せぬことでした。ですが「利他的な行動」と「幸福度」の間には相関関係がある、という事実をあとから知ったのです。

世界各国の研究で「寄付のように他人に利益を与える行動ができる人は、幸福度が高い傾向がある」という事実が既に実証されています。

有名なのは、カナダ・ブリティッシュコロンビア大学の心理学者、エリザベス・ダン教授らの行った研究でしょう。研究チームは**「もらうよりもあげる方が気分的にいい」**という格言の根拠を探るべく、3つの実験を行いました。

1つ目の実験では、アメリカ人630人に「お金を自分のために使った後」と「お金を他人にあげた後」の幸せ度を5段階で評価してもらいました。すると、「お金を他人にあげた人」のほうが、幸せ指数が高くなりました。

2つ目の実験では、会社の従業員の3000〜8000ドル（約30万〜80万円）のボーナスの使い道を調査しました。すると「社会のために使った額」が大きい人ほど、幸せ指数も高くなりました。たとえば「ボーナスの3分の1を社会のために使った人」は「社会のためにまったく使わなかった人」よりも、幸せ指数が20％高くなりました。

3つ目の実験では、カナダの大学生に5ドルまたは20ドルを手渡し、「その日のうちに使うように」と指示しました。結果、幸せ指数は「他人のために使った」群が、「自分のために使った」群よりも上回りました。

このように、科学的に見ても、**利他的な行動は幸福度を上げる**のです。

世界中で大ブームを巻き起こしたアドラー心理学では、**「人生で幸せを得るためには、他者貢献がなくてはならない」**と説かれています。

「他人に貢献できている」と感じるとき。人は自分の価値を実感して、最も質の高い幸福を感じることができるのだとか。その意味でも、利他的な行動をおすすめします。

何が喜ばれるのかわからなければ、相手に直接聞いても構いません。**「私に何かお手伝いできることはありますか」**と率直に尋ねてみましょう。

とはいえ、自分が苦しいと感じる範囲まで頑張りすぎると「自己犠牲」になりかねません。「ここまで、喜んでお手伝いさせていただきます」と伝えておけば安心です。

ムリのない範囲で、タダ働き（他者貢献）を楽しんでいきましょう。

〔37〕

×

よりよいコミュニケーションのためには、「受け取る人」を目指そう

○

よりよいコミュニケーションのためには、「与える人」を目指そう

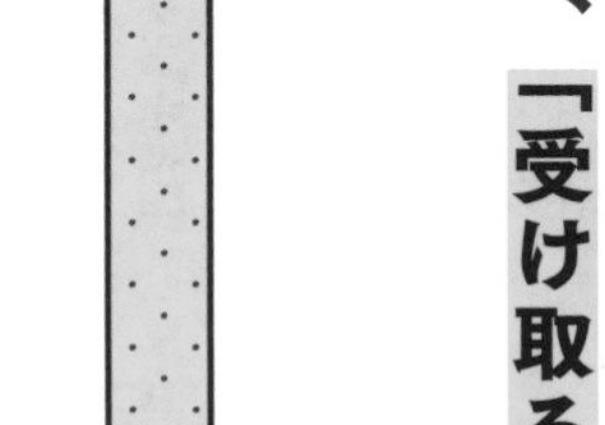

「他者貢献の意味が、具体的にわからない」と質問いただくことがあります。
そこで、さやか流・他者貢献の定義をお伝えしておきます。
1つ目は、相手思考であること。2つ目は、喜んで先に与える（ギブ）ことです。

1つ目の**相手思考とは、「本質的に相手の役に立つことを目指す」という意味**です。たとえば私は、毎日のように相談をいただきます。でも全ての相談に私が答えるのは「相手思考」ではありません。「人脈モンスター」と呼んでいただくほど、人脈に恵まれている私の場合。「自分より優れた相談者」が思い浮かぶことも多いからです。たとえば「転売の仕事をしたい人」には転売の先生を、「パソコンの操作がわからない」という人にはパソコン講師をご紹介しています。そのほうが相手に貢献できます。

2つ目の定義の**「先に与える」とは「相手に特に何かをしてもらったわけでもないのに、先に進んで貢献する」という意味**です。
「先に与えることができる人」は、実はかなりの少数派。ですから希少価値が高く、気づかないうちに相手に良いインパクトを与えていることもあるようです。

あるとき、私は尊敬する方から次のような褒め言葉をいただいたことがあります。

「さやかさんがギバーだったから、一緒に仕事をしたいと思ったんだよ」

心ある人は、やはり見てくれています。

ですから、「見返りがないこと」を恐れず、先に与えることをおすすめします。


ペンシルベニア大学ウォートン校の組織心理学者アダム・グラント教授は「人との関わり方」を次の3つに分類しています。

◆ギバー……他人に対し惜しみなく与える人（見返りを求めない人）
◆テイカー……自分が与えるのではなく、「自分が受け取ること」を優先する人
◆マッチャー……「与えること」と「受け取ること」のどちらも優先せず、損得のバランスをとろうとする人（「人間関係の損得は五分五分であるべき」と考える人）

また3タイプ中、最も成功する確率が高いのは、ギバーだと彼は指摘しています。
その理由は **「感謝貯金」** にあるそうです。

人は自分に親切にしてくれる相手を信頼し、感謝をします。

その感謝は、まるでお金を貯《た》めるように蓄積し、「信頼」となっていきます。

この考え方が「感謝貯金」です。

3タイプ中、この感謝貯金が最も多いのは、ギバー。**多くの信頼を常日頃から集めているため、ピンチのときも誰かが協力してくれたり、助けてくれる**というわけです。

感謝貯金とは目に見えない概念ですが、確かに納得のいく理論です。

ギバーを目指して、人間関係をより円滑に豊かにしていきましょう。

〔38〕

○

「相手に少しでも時間を与えられる存在」を目指す

×

「相手から時間を奪っても許される存在」を目指す

「ギバー（先に与える人）になりたいけれど、〝他者貢献〟なんて難しい！」

そう感じる人がいるかもしれません。でも大丈夫です。

たとえば、いただいたお誘いに即レスするだけでも、ギバーになれます。

返事を早く返すことで、相手に安心感や時間を〝与える〟ことになるからです。

たとえば、あなたがイベントの幹事を務めていると想像してみてください。

「出席しますか？」と何人にも確認の連絡をしなければならないとき。

出欠にかかわらず、即レスしてくれる人を「ありがたい」と感じるはずです。

私も今まで多くの方にお声がけをさせていただくことがありましたが、即、返事をくれる人にはとても助けられてきました。

心の中ではその人のことを「即レス名人！」と称賛していたほどです。

また誰かをお誘いする機会がきたときは、そんな即レス名人からお声がけするようになっていくものです。

つまり**即レスとは、コミュニケーションにおいて、大きな価値の一つ**なのです。

私もそんな即レス名人たちを見習い、ライブ中に視聴者の皆さんからいただいたコメントには、すぐにお返事するように心がけています。そうするとまた、皆さんが素晴らしいアウトプットをしてくださるので、場が非常に盛り上がります。

職場でのメールのやりとりも同様のはず。

即レスすると、ビジネスがスムーズに進んでいきます。

もちろん、忙しいときは即レスが難しくなるときもあるでしょうが、できるだけ早く反応していきましょう。

「現時点では予定を確定できない」「調べてから返答したい」などの場合は、その旨を即レスすれば、心象を損なわずに済みます。

私の経験上、即レスができる人はそうでない人に比べ、圧倒的に早く結果を出しています。それはフットワークが軽かったり、行動力があることで、さまざまなところで相手に時間をギブしているからです。

周囲からの感謝貯金が貯まり、それが信頼となり、やがて〝お金を生むコミュニケーション〟へと深化し、協力者やファンを獲得できているからでしょう。

このように、「相手に時間を贈ること」が、さやか流コミュニケーションのコツです。

「相手に時間を贈ること」が難しければ、せめて「相手から時間を奪わないこと」を目指しましょう。

・待ち合わせをするなら、集合場所に早めに着く
・誰かを招くときは、迎えに行くか、わかりやすい地図を送る
・取材や対談があるなら、相手のことを下調べし、質問状をつくり事前に送る
・参考図書のタイトルを教えてもらったら、ネット通販で即購入して読む

このように、ちょっとした心がけで誰でも即レス名人、そして〝コミュニケーションの達人〟になることができます。

頭の良しあしも、才能や技術の有無も、関係ないのです。

[39]

×

親切にしてくれた人に感謝する

○

失敗や不幸も含め、全ての人、こと、ものに感謝する

コミュニケーションにおいては、「ポジティブ発信」が基本です。ネガティブな発言や、他人の噂話や陰口などは、回りまわって多方面に拡散されてしまいかねません。またネガティブな会話は、そのような状態を実際に引き寄せてしまいます。ポジティブな発信を徹底したいものです。

表面的な言葉遣いに限らず、根本的な考え方もプラス思考に切り替えましょう。アメリカ国立科学財団の2005年の発表によると、人の脳は1日1・2万～6万回の思考を行っており、そのうちの8割はネガティブな思考なのだとか。つまり多いときには**1日に約4・5万回もネガティブなことを考えている**試算になるそうです。

身近な例を挙げておきましょう。

私は以前、「パソコンに向かってばかり」と家族に非難されたことがあります。そう言われると、さすがにネガティブな方向に考えかけそうになりました。「私の力不足だ」「子どものためには、やはり仕事を辞めたほうがよいのかな」ですが、そんなときこそプラス思考で前向きに対処してきました。

「○時～○時はデジタル端末を触らない」とルールを決め、スマホまで遠ざけました。

また「早くご飯をつくって！」と我が子にせかされたときには「そんなにママの手料理が食べたいのね」などと明るく返すようにしていました。

こんなプラス思考ができるようになったのは、成功者を数多く見てきたからです。

成功者は、ネガティブな言葉を発しません。マイナス思考とも無縁です。

どのような状況でも**「自分はツイてる」**と捉えている人がほとんどです。

成功者の姿勢を、どんどん真似していきましょう。

プラス思考を突き詰めると、究極的には**「万物に感謝」**という境地に至ります。

関係してくれている人たち、そして自分自身に対して、日々感謝し、それを表していきませんか。「ありがとう」と伝えていきませんか。

関西福祉科学大学でポジティブ心理学を研究する島井哲志教授は、**「人は『ありがとう』と言われることで、幸福感が高まる」「感謝を伝えることは相手との関係性を深めることにつながる」**と指摘しています。

要は、**「ありがとう」という言葉によって、相手との間に幸福感が生まれ、コミュ**

ニケーションが円滑になり、人間関係もよくなっていくのです。

さらに、災難や不幸にさえ感謝できるようになると、いよいよ〝上級者〟です。

たとえば、ライブ配信で小さな失敗をしたとしても。

「この段階で、○○という弱みに気づけた。よかった、ありがたい」とプラスに捉えることができて、感謝の念まで湧いてくるはずです。

つまり感謝をすることで、本来マイナス感情が起こるような出来事も、肯定的な経験に昇華することが可能なのです。

このように、全方位に感謝ができる人は間違いなく好かれます。（自分も含めて）誰かを「責める」ということがないからです。

温かい気持ちのやりとりができて、接しているだけで幸福感が高まるからです。

〔40〕

×

人の名前を覚えるより、
覚えられてなんぼ。
それが人気者の証拠

○

まず人の名前を覚えること
が、コミュニケーション巧者へ
の第一歩

幸せなコミュニケーションのためには、相手の名前を呼びかけることが基本です。

「人の名前を覚えるのが苦手」という人も多いのですが、誰だってそうです。「苦手」と言った途端にモチベーションが減退するので、前向きに覚える努力をしましょう。

うまく覚えるコツは、「音」ではなくイメージで、また**「していること＋フルネーム」で暗記する**こと。たとえば「○○をしている山田太郎さん」という具合です。

そもそも、相手の名前を呼びかけ、話しかけることがなぜ大事なのかというと、ネームコーリング効果が期待できるからです。

ネームコーリング効果とは「自分の名前を呼んでくれる相手を、無条件で好きになりやすい」という心理を指します。

「名前を呼ぶと、相手に好かれる理由」は、いくつかあります。

1つ目の理由は**「承認欲求が満たされるから」**です。

人は、自分の名前が呼ばれることで「個人として存在を認めてもらえている」と感じ、承認欲求が満たされます。承認欲求とは「他人から認められたい」「価値があると思われたい」という欲求のこと。

これが満たされると、満たしてくれた人の好感度が無条件にアップします。

2つ目の理由は**「ネームレター効果」**です。

ネームレター効果とは「自分の名前を呼ばれると、呼んでくれた人に対して無条件に好意を持ちやすくなる」という心理のことです。

3つ目の理由は**「返報性の原理」**です。

誰でも名前を呼ばれると、「この人は私に好意を持ってくれている」と感じます。そして無意識に「自分も相手に好意を返さないと」と感じるようになります。このような返報性の原理により、相手に好意を持つようになります。

4つ目の理由は**「オキシトシン」という幸せホルモン**です。

ポーラ化成工業株式会社（ポーラ・オルビスグループ）による次のような研究があります。普段、下の名前で呼ばれていない女性に、初対面の人がファーストネームで呼びかけると、オキシトシンの分泌が増え、ストレスホルモンのコルチゾールが減ったのだそうです。

これらの4つの理由により、名前を呼ぶことで相手に好かれやすくなります。

結果的に、**幸福度の高いコミュニケーションができるようになる**というわけです。

アメリカでは次のような実験結果も発表されています。

男女の学生でペアを組ませ、次の2つの群に分けて、会話をしてもらいました。

①「相手の名前を呼ばないで会話したグループ」

②「相手の名前を呼んで会話したグループ」

会話の後に、相手に対する印象を調べた結果、**「名前を呼んだグループ」の方が「名前を呼ばなかったグループ」よりも、相手に好印象を持った**そうです。

リアルの場でも、オンラインでも、名前の呼びかけを習慣化していきましょう。

この章のまとめ

- 人間関係は、量より質。不特定多数とつながろうとせず、尊敬できる師匠や仲間を求めていく
- 利他的な言動や他者への貢献で、「先に与える人」（ギバー）になる
- どんな状況でも、相手を待たせない。即レスや、相手思いの早めの行動で、時間を贈る
- 常にプラス思考に努め、周囲に感謝をする。マイナス感情が湧き起こりそうな出来事も、肯定的な経験として捉える
- 相手の名前を自分から積極的に呼びかけることで、コミュニケーションの幸福度を高めていく

第4章

お金を生み出す「コミュニティ形成」の法則

〔41〕

×

コミュニティのお客様とは、垂直の関係を目指す

○

コミュニティのお客様とは、水平の関係を目指す

この章では、コミュニティづくりについてお話ししていきます。

私は現在1冊目の著書『超簡単！　おしゃべり起業®の教科書』のライブ集客の講座と、「パラレルキャリア・ビジネスアカデミー（ＰＢＡ）」という集客の仕組化、プロモーション、チーム作りをお伝えしている長期講座の2つのコミュニティを持っています。両方を合わせると、１００人以上の受講生さんがいます。

ライブ配信のときなど、特に感じることですが「決まって見てもらえるお客様」は、本当にありがたいものです。

またコミュニティのお客様とは、日常的に刺激を与え合うことができます。互いに応援し合うこともできます。このような関係は、非常に尊いものです。

良い関係を持続できているのは、垂直（上から下）ではなく、できるだけ水平な（フラットな）人間関係を目指しているからでしょう。

ではいったいどうすればお客様と出会えるのかというと、きっかけはやはりライブ配信です。ライブ配信をきちんと習慣化することで、多くの人にライブを視聴してもらえるようになるものです。すると、熱いファンもいつしか増えていきます。

やがて影響力を獲得できたら。コミュニティのメンバーを募ると、多くの熱いファンが参加してくれるようになります。

つまり、**熱いファンはお客様へとトランスフォーメーションしていきます**。

結果、あなたの年収が倍になったり、今の年収が月収になったりするわけです。

ですから理想のお客様がたくさん集まってくれるコミュニティを目指して、ライブ配信を行っていきましょう。

ライブ配信で念頭に置いてほしいのは、理想のお客様の存在です。

理想のお客様が、何に痛みを感じていて、どのように自分の人生を変えたいと思っていて、心から何を求めているのかを常に考えることが大事です。

そして、その**ウォンツ（商品やサービスへの具体的な欲求）をずらさないように発信していく**ことが大事です。

誤解をしている人も多いので、念のため申し上げておきますが……。

「理想のお客様」とは、お金をより多く、自分に支払ってくれる人ではありません。

「私たちは仲間だ」と思えるような人、一生涯つきあっていけるような人。上下の関係ではなく、互いに対等な関係でいられる人です。


あなたがライブ配信で届ける言葉が、理想のお客様を創出していく。

そう思いながら、話すことを楽しんでみてください。

もし、余裕が出てきたら、**お客様のリスト（一覧表）をつくってみましょう。**

リストがあると、ライブの告知をする作業などがスムーズに行えます。また、後に商品をローンチできるようになったとき。ご案内をする際にも活かせますよ。

【42】

○

商品は、お客様と一緒に
つくり上げる

×

商品は、自分1人で
つくり上げる

無料のライブ配信を続け、ファンが増えてきたら、商品をつくりましょう。

魅力的で売れる商品のつくり方についてお伝えします。

そもそもビジネスの本質とは「お客様のお悩みを解決すること」。だから、「お客様がどんなお悩みを持っているか?」というニーズの調査は必須です。

ここでは、特にオンライン商品を想定してお話しします。


まず、あなたが思う「お客様のお悩み」を50個以上、書き出してみてください。

もし50個も書けない場合は「Amazonリサーチ」をかけてみましょう。

そのやり方は簡単です。検索窓に気になるキーワードを入れるだけです。

【例:「副業」】

すると、そのキーワードにまつわる書籍が大量にヒットします。

その内容説明には「悩み」が多く書かれているはずです。

さらには、その関連本のレビューにも、お悩みは満載でしょう。

ほかにはYouTubeで動画検索、Instagramでタグ検索をするのもおすすめです。

こういった検索で、お悩みを50個書き出すことはできるでしょう。

書き出せたら、その中で自分が解決できそうなものをピックアップします。

そして、その中で**一番悩みが深そうなものを、商品にしていきます**。

もしくは、身近な5人の人にどんな商品が欲しいのかを聞いてみてください。

ライブ中に質問するのも有効です（オープンクエスチョンで「どんな商品？」と尋ねても答えが得にくい場合は、選択肢を提示して選んでもらいましょう）

私の場合、パラレルキャリア・複業の専門家として活動していますが、会社員から起業するまでに実は10年も試行錯誤をしています。ですから「ライブ動画とZoomを活用して月収を3倍にする方法」が商品の1つとして成立しています。

Facebookへの投稿で、答えを広く募るのもおすすめです。

(例：「○○関連の企画をしようと思っています。1〜4のどれがいいですか？」)

つまり**ライブ配信を始めるときには、「商品」はなくて構いません**。むしろないほうがいいのです。

頭の中で「これがいいのではないか」と考えてつくった商品は、たいてい売れません。

独りよがりだったり、求めている人が少なかったりするからです。

「お客様が何を求めているのか」は1人で考えるよりも、視聴者に聞いてしまったほうが、実は早いのです。しかも、そのほうが売れる商品ができます。


起業や複業の方法や発信の方法をお伝えしていましたが、ライブ配信の方法やライブ配信を集客につなげる方法を知りたいという声もたくさんいただいたため、ライブ集客を教える「おしゃべり起業オンラインカレッジ」という商品をつくりました。

また、売れる商品を一緒につくっていく「売れる商品作成 7Days チャレンジ」という商品も、多くの方のリクエストから生まれました。

ありがたいことに、どちらも売れ筋の商品になりましたが、私が1人で考えてつくったわけでなく、お客様からの要望でできたわけです。

このように**お客様の悩みに応えていくと、売れる商品が自動的に完成**します。

〔43〕

○

価格は、お客様に与えられる〝価値〟を基準にして決める

×

価格は、自分の目標売上から逆算して決める

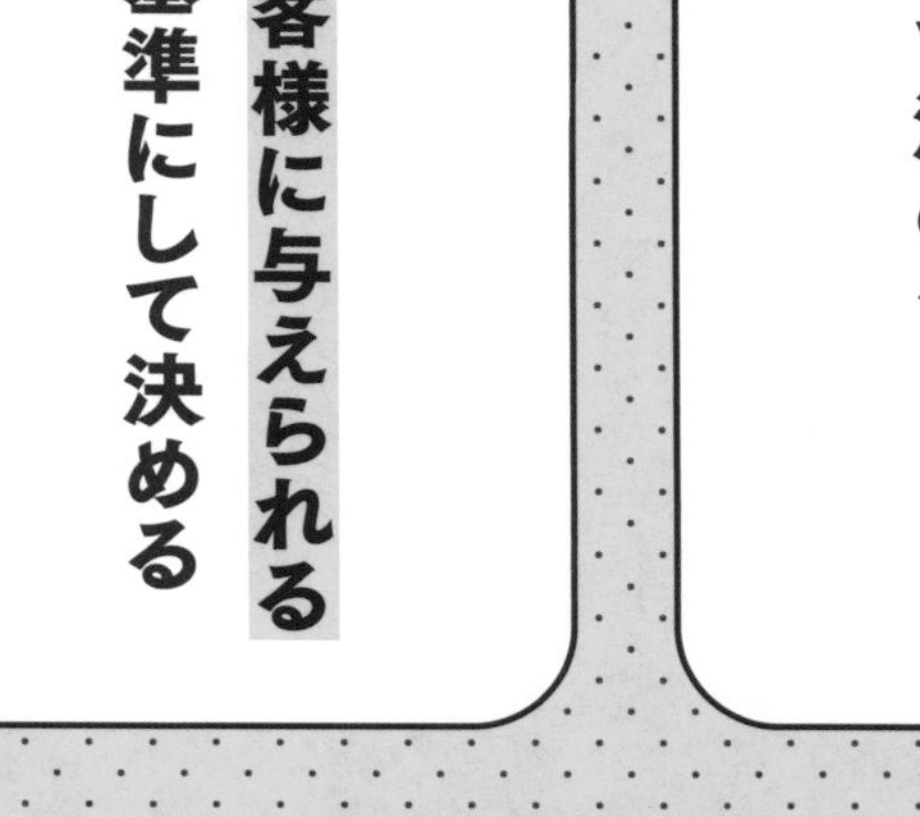

自分の商品を世に問うとき、値付けに悩むお気持ちは、よくわかります。

値付けの基準は**「価値提供」**です。

「自分がどのくらいの価値を提供できるのか」を基準にしてみてください。自分の目標売上から逆算して値付けをするのではなく、与えられる価値から考えることです。

また、市場価格を調査し、その商品の相場感をつかんでみましょう。

ネットでリサーチをしたり、その道の先を行く人に料金体系を聞いたりしてみましょう。そのようなプロセスは、確実にあなたの糧になります。

実際、私は調査のために、他の講師や他企業の商品を購入してみることがよくあります。自分でもその価値を体感してみて、値付けの感覚を磨いていくのです。

ポイントは「自分で買いたい！」「これなら、価格以上！」と思えること。そのとき、提供できる価値に見合った値付けをすることが大事です。

おおよその価格を決めた後も、お客様に与えられる価値を基準に考えて、双方にとっての**「心地よい価格」**を探っていきましょう。

【ライバーCさんの事例】

月商100万円を達成したライバーのCさんは、バックエンド（本当に販売したい商品のこと）である講座の値段を、最初は3万円に設定しました。私はもっと価値があると感じていましたが、本人が自信の持てる価格であることが何より大事です。

結果、その3万円の講座は多くの人に受け入れられました。

受講した人たちの成果も出てきたので、Cさんは7万円、8万円と値を上げていきました。20万円超の上級コースもつくったところ、その講座も人気でした。

このように、Cさんは自分の経験値と自信に見合った価格にしたことで、自分もお客様も、双方が心地よく感じられる価格を付けることができたのです。

ここで注目してほしいのは**「カスタマー・トランスフォーメーション」（顧客の成長）**です。お客様の成果が出ていたら、値上げもOK。

でも成果が出ていない場合は、値下げをしたほうがよいでしょう。お客様の成果が出なかったら、苦情が出ることもあるからです。

【ライバーDさんの事例】

Dさんは、とある起業塾で30万円以上の商品をつくることを教わってきました。

実際、Dさんは「半年間の受講で30万円」という商品をつくりましたが、お客様の成果が出ませんでした。そこで私は、値下げしてはどうかと助言しました。

とはいえ、Dさん本人のモチベーションが下がるのはよくありません。そこで「半年間で30万円」ではなく、「60日間で10万円」にしてはどうかと提案しました。

お客様が、その後も受講し続けてくださった場合、結果的に、大きな値下げにはならないからです。結果、Dさんのビジネスは好転しました。

このように、価格とはある意味〝生もの〟です。

柔軟に価格設定の経験を重ね、そのノウハウを蓄積していきましょう。

「価格ありき」ではなく「価値ありき」で考える。

この大原則を忘れずにいれば、大丈夫です。

〔44〕

×

売るときは、より商品の魅力が伝わるように**強調して話す**

○

売るときは、**8割、相手の話を聞く**

ライブを重ね、視聴者の意見を参考に商品を開発し、値付けをして**バックエンド（本当に売りたい商品）**が完成したら……。

次は交流会（お茶会、短期の講座）を、無料か低額で開催しましょう。

それを**フロントエンド（バックエンドに導くための商品やツール）**と呼びます。

女性を多く呼びたい場合は「お茶会」、男性にも参加してほしい場合は「交流会」という名前がおすすめです（事前に出欠確認を取り、自分にとってつながりの濃いメンバーのリストをつくっておきましょう）。

交流会とは、参加してくださった人から「何を知りたいか」「何を求めているか」を聞く場です。その後、個別にメッセージをやりとりしたり、相談に乗ったり、関係を深めていきます。その過程で、バックエンドの詳しい説明などを提供するうちに、相手に「買いたい」（契約したい）と決断してもらえれば、理想的です。

ビジネスの世界では、お客様に「買う」（契約する）と決断してもらうことを「クロージング」（closing）と呼びます。直訳すれば「終結する」という意味です。

とはいえ、クロージングを焦るのはよくありません。相手は、そんな気持ちを敏感に察知します。急いでも、売上には決して反映しません。
また話しすぎるとクロージングは失敗します。では、どうすればよいのか。

【クロージングをするときのマインドセット】

・「困っていることを解決できる方法があるのだから、それを売ることは誰も不幸にならない。むしろ、それを売ることで、双方が幸せになれる」と考える
・クロージングという言葉に、良い印象を持たない人も多いが、「自分はそうではない」という信念を持つ

【クロージングのコツ】

・クロージングの場でも「聞くこと」は「話すこと」よりも重要。聞き方と話し方の〝黄金比〟は8対2。自分のことばかり話しすぎると、うまくいかない
・相手の話にしっかりうなずきながら、**「相手の問題」を真摯に聞く**
・**相手が話すことで、相手が自分の問題点に気づけたとき、成約につながりやすい**

このように、優れたクロージングの技術には、カウンセリング的な要素もあること

がうかがえます。クロージング巧者に話を聞いてもらえたら、カタルシス効果を得られるばかりでなく、自分の理想のビジョンや目標まで、言葉にできそうです。

そんな段階に到達できれば、確かに相手のことを深く信頼したくなるでしょう。

クロージングは難易度が高いと思われがちですが、**基本は「聞き方」**にあります。

そう思えば「クロージング＝難しい」というブロックが外れる気がしませんか。

〔45〕

×

パートナーと組むと、
ノウハウやスキルを盗まれる

○

パートナーと組むと、
仕事を拡大、加速させられる

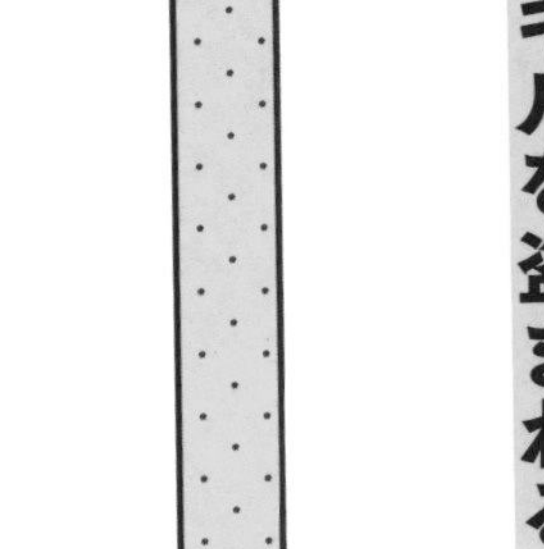

商品が売れるようになったら、事業拡大を視野に入れ、ビジネスパートナーを見つけ、つながっていきましょう。私は動画編集や経理事務などはパートナーやプロに委託しています。**他の人に委ねられることは潔く委ね、「自分にしかできないこと」（ライブ配信など）に注力するほうが、結果的に仕事の質は上がります。**

お仕事をお願いするとき、私は1カ月のお試し期間を設けています。「思っていた状態と違う」と気づいた場合。互いに早く軌道修正ができるからです。

また、意外なところで素晴らしい人材に出会えたときはうれしいものです。たとえば、Facebook広告を始めたことで、元主婦のママ起業家さんに巡り会い、私のビジネスパートナーになってもらうことができました。

数年前、「フレキシブルに在宅で働きたい、優秀な専業ママと仕事ができれば……」と夢見たことがあるのですが、そのビジョンが早くも現実化しています。**ライブ配信により、それに付随する仕事を生み、社会貢献もできるのです。**

この章のまとめ

- 理想のお客様とは、「お金をより多く払ってくれる人」ではなく、「仲間」と思えるような人
- お客様の悩みに応えることで、売れる商品をつくることができる
- 値付けの基準は、自分の都合ではなく、お客様に与えられる「価値」
- クロージングの際も、「話す」より、相手の問題を真摯に「聞く」
- ビジネスを拡大し、より社会に貢献するには、信頼できる仲間と組むこと

第5章

お金を生み出す人の心得の法則

〔46〕

×

お金は、自分のためだけに使う

○

お金は、周りのためにも使う

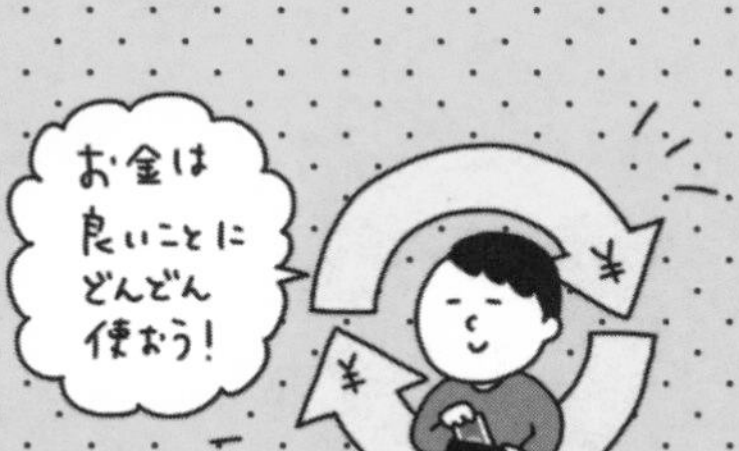

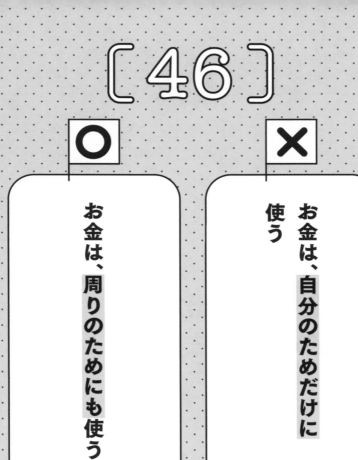

この章では、幸福なコミュニケーションの先にある「お金」について考えます。お金が集まってくる人と、そうでない人。いったい何が違うのでしょうか？

大前提として、お金とは周りのために使うことで、より一層集まってきます。使わないと、それ以上は集まってきません。なぜなら、**お金とはエネルギーのようなものであり、「使う」からこそ、「得られる」**からです。


お金とは運動体であり、「流れる」からこそ「活きる」からです。


あなたがもし、お金を手元に貯め込んでいた場合。お金は外で活躍することができません。何の役にも立てず、死んでいるのも同然です。ですが、お金を良い目的に使った場合。お金は社会に流通し、さまざまな人のお役に立つことができます。

社会で貢献できることは、お金にとってもうれしいこと。だから**「また良い使い方をしてほしい」**と、あなたのもとに仲間を連れて帰ってきてくれるのです。

お金は良いことに、どんどん使っていきましょう。

身の回りの人はもちろん、知らない人や社会全体に貢献できそうなことにも、気持ちよく使いたいものです。それは、**自分の感謝貯金を積み上げることと同義**です。

浪費ではなく、立派な〝投資〟の一種です。

実際、お金持ちほど寄付行為に熱心です。欧米、特にキリスト教文化圏では成功したお金持ちが寄付や献金を行うのは当たり前のこととみなされています。

とはいえ、誰もが最初から多額の寄付を目指すことはありません。

お菓子を周りに贈るなど、ちょっとしたことでも十分。それだけでも好意の返報性が働くため、声をかけてもらう機会が増えるなど、人間関係は濃密になっていきます。

また書籍を購入したり、セミナーに参加するなどの**学びへの投資**も推奨します。

なぜなら、あなたが得た知識や技術を、ライブ配信などで伝えることで、周囲のお役に立てるからです。

たとえば私は今でも、毎月数十万円を学びのために使っています。

私の専門分野である「マーケティング」は進化が速い生ものなので、キャッチアップのためには学び続けることが必須です。お金を使って自分をバージョンアップしないと、化石のようなマーケティング手法をお伝えすることになってしまいます。

今まで６０００万円以上を学びに費やし、何人もの師匠に導かれてきた私が言うのですから間違いありません。要は**身銭を切るのを惜しまないこと**です。

「今はお金がないので、学べない」という人がいるかもしれません。

でも、よく考えてみてください。順序が逆になっています。

収入を増やしたいから、挑戦をしたいはず。それなら最初の自己投資の資金を稼ぐために、アルバイトや自己アフィリエイトなど、何らかの道は見つかるでしょう。

ステージを上げたいなら、自分が先にお金を使い、情報を獲得することです。

〔47〕

✕

「お金は二の次」と
公言している

○

「お金が大好き」と
公言している

投資教育の専門家が全国の中学・高校を回り、約500人の生徒に問うたそうです。

「お金ってきれいなものですか、それとも汚いものですか？」

なんと8割弱の生徒たちが「汚い」と答えたのだとか。

お金とは、経済の血液。循環させることで社会は豊かになり、個人の心も潤うものです。そんなお金が「汚い」わけがありません。

しかし日本では昔から「お金＝汚いもの（悪いもの）」というイメージが広く浸透しています。もちろん、そこには歴史的な背景もあるでしょう。

しかし、あまりに多くの人が、お金の本質を誤解しているように見受けられます。


ここで定義をしておきましょう。

お金とは、コミュニケーションのツールにすぎません。

「お金」という道具をうまく使うことで、多くの人とつながったり、幸福度をアップさせることができます。お金とは、誰かを応援したり、感謝を伝えたりする際に力を発揮してくれる、**極めて汎用性の高いコミュニケーションツール**なのです。

わかりやすい例で言うと、私は毎年、日頃の感謝を込めて家族にバレンタインデーのチョコを買い、心を込めて渡しています。もしお金に余裕がなければ、そんな心の余裕もないでしょう。つまり私は、お金という手段を用いて、「家族とより一層絆を強める」という目的を達成しているわけです。「お金＝汚いもの」ではありませんよね。

「お金＝汚いもの」という思い込みがある限り、お金は手元にやってきません。

お金にまつわるブロックをはずし、かわりに「お金＝人生を物心両面で豊かにしてくれる素晴らしいもの」と捉え、「お金が大好き！」と意識してみてください。

（優秀な起業家は、既にブロックが外れた人が多いです）

また「多く稼ぐこと＝悪いこと」というブロックも外しましょう。

そもそもお金とは、**人の役に立ったことで得られる対価**。

「どれだけ他者に貢献できたか」を示すバロメーター（指標）でもあります。

多く稼いだ人は、それだけ社会貢献できた人です。なぜなら多くの関係者（顧客、従業員、取引先など）を幸せにして多額のお金を納税し、社会貢献しているからです。

ブロックの外し方は、簡単です。

「お金へのネガティブな感情」を紙に書き出して、それをビリビリと破ってください。

また、「お金へのポジティブな感情」を口癖にして、何度も自分の耳に聞かせることも有効です。聴覚への刺激を通して、脳の情報を効率よく上書きできます。

もしお金に対するネガティブなイメージが強い場合。稼ぐことができても、その後、お金にまつわるトラブルが起きて、幸せにならない可能性があります。

物心共に豊かで、幸せなお金持ちを目指していきましょう。

【48】

×

ポイントを貯めるのが
大好き

○

ポイントカードには、
興味すら持たない

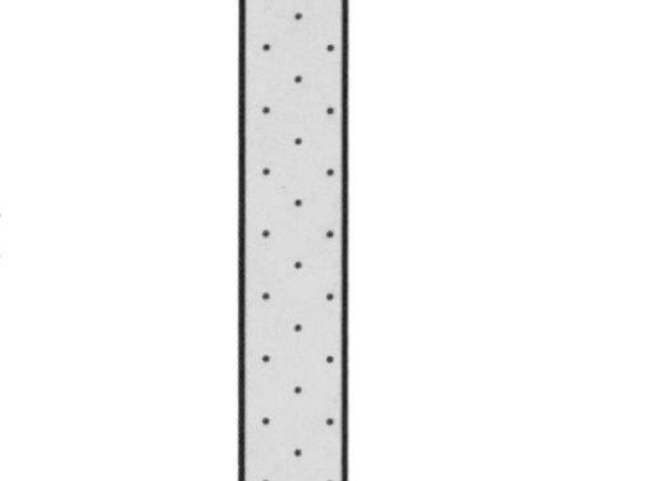

お金持ちになりたいなら、**お金持ちと一緒にいる時間を積極的につくること**です。一緒にいる時間が長い人と、価値観や感覚、趣味や趣向が同化してくるからです。人の脳には「ものまね細胞」とも呼ばれる神経細胞「ミラーニューロン」があり、他人の行動を無意識に真似ることがわかっています。その働きを利用しましょう。年収1億円の人と年収３００万円の人が自然に出会うことは稀有《けう》なことと考えられています。居住地も活動エリアも異なるので、接点がないからです。会社員は会社員同士、成功者は成功者同士が出会い、仲良くなり、同化していくとされています。


アメリカの起業家、ジム・ローンが提唱する次の説をご存じでしょうか。

「自分の将来の年収は、最も多くの時間を共に過ごしている5人の平均である」

つまり「現在、身近に関わっている5人」により、あなたの未来が決まるのです。

ですから、もし理想があるならば。共に理想を目指す人や、既に目標を達成した人、あるいは意識の高い人を探し、そんな環境に身を投じることがおすすめです。

「お金持ちになりたい」という理想があるなら、既にその理想を実現している人に、自ら会いに行き、その人と過ごす時間の割合を増やすことが重要なのです。

私も、会社員時代から「成功者に会うこと」を意識的に実践してきました。

その蓄積で、お金持ち特有のポジティブマインドに気づくことができました。


お金持ちは**「絶対にお金持ちになる（お金持ちであり続ける）」**と強く決めています。

私たちも、その姿勢を見習いましょう。「お金が欲しい」「お金持ちになりたい」などの**願望形**ではなく、「絶対にお金持ちになる」という**断定形**で意識するのです。

「内面の思考が外面の思考をつくり出す」とよく言われますが、その通りです。

量子力学的に言うと、感情と結びついた思考は、似たような状態を引き寄せます。

ですから「お金が欲しい」「お金持ちになりたい」などの願望形でいる人は、「お金が欲しい」「お金持ちになりたい」という状況が引き寄せられることになります。

言い換えると、いつまでも物心共に満たされない状態が続くわけです。

そうではなく、本当に豊かになりたい場合は「お金持ちになる」という断定形のフレーズを、心に刻み込むべきなのです。

根拠がなくても構いません、ポジティブな方向に思い込んでいきましょう。

「貧乏になる」というマイナス思考の人は、本当に貧乏になってしまいます。

一方、幸せなお金持ちは「お金は使えば使うほど増える」と捉えています。

興味深いことに、お金持ちの多くはポイントカードを使っていません。「ポイントを意識し始めると結果的に不必要な支出が増えがちだから」というのがその理由です。また「節約」に意識をフォーカスしすぎることも、よくないそうです。

それより、**支出が増えても「人のお役に立つこと」を最優先の行動指針にするほうが、感謝貯金が貯まる**というわけです。これは非常に納得できるロジックですよね。

〔49〕

○

迷ったら、未知のワクワクするほうを選ぶ

×

迷ったら、いつもの無難なほうを選ぶ

お金が集まる人は、常にワクワクしています。

「好きなことにワクワクと没頭し、それが成功することで人に感謝され、報酬を得る」そんな好循環を回し続けているから、お金が集まってくるのです。私たちも**「ワクワクしながら、楽しく目標を達成する」という勝ち癖**をつけていきましょう。

ではいったい、どうすればワクワクできるのでしょうか。

自分の好きなことや得意なことが既に明確な場合、それに集中することです。

もし、それをまだ把握できていない場合。今までとは違った生き方を選択するのがおすすめです。具体的には、次のような行動を選んでみてください。

共通する原則はワクワクするほう、そして〝怖いほう〟を選ぶことです。

①誘われたら、断らずにとにかくやってみる

（私は今まで、さまざまなイベントや会合などにお誘いいただきました。都合のつく限り参加させていただいたおかげで、多くの学びを得られました）

②頼まれたことは断らずに、とにかくやってみる

（「私には向いていない」「私には難しい」と感じられることも果敢に引き受けること

で、成長の機会をもらえました）

③「面白い」と感じたことを、やってみる

（ライブで桃のかぶりものを装着したところ、好評でした。今後も喜んでもらえるようなら、さまざまなかぶりものに挑戦していきます）

④今までに行ったことがないところに、行ってみる

（２０２２年はプーケットやブラジルなど、４カ月連続海外での合宿やイベントに参加し、講師としても登壇しました。「家庭はどうするのか？」「遠いのに大丈夫か？」「現地の治安は悪くないのか？」「旅費はどれくらいかかるのか？」など、不安材料を数え挙げればきりがありません。ですが、勇気を出して〝怖いほう〟を選んで大正解でした）

⑤新しいことを学んでみる

（今まで、無数のセミナーや講演会に参加してきました。そのたびに学びが深まり、人脈も広がっていきました）

〝怖いほう〟を選択すると、脳が慣れていないため多少は緊張するかもしれません。

ですが「未知の体験ができる」と思うと、ワクワクできます。そして、ワクワクを大事にしようとすると、脳はどうにかして可能性を見つけようとします。

「どうやったらできるか」というアンテナが立つため、アイデアに恵まれます。

結果、予期せぬ成功を収められるわけです。このような成功体験を積み重ねることで、周囲からの感謝も増え、物心共に豊かになっていきます。

実際、「お金が集まる人」は、「お金をお金のままで持つ」ということをしません。

お金を得たら、新しい挑戦や好奇心を満たすこと、人の役に立つことに使います。

現金を貯めるより経験を積む「経験貯金」に熱心なのがお金の集まる人なのです。

〔50〕

○

既に覚悟ができている

×

まだ、覚悟ができていない

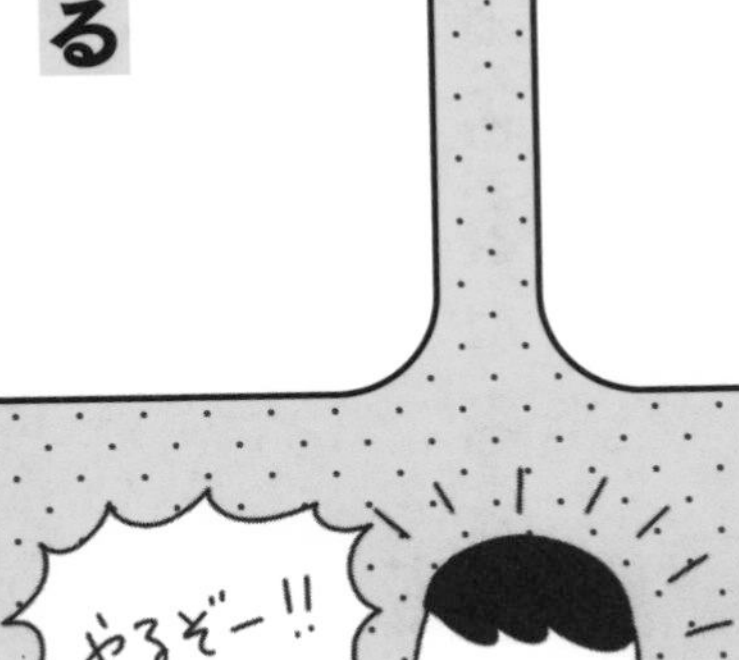

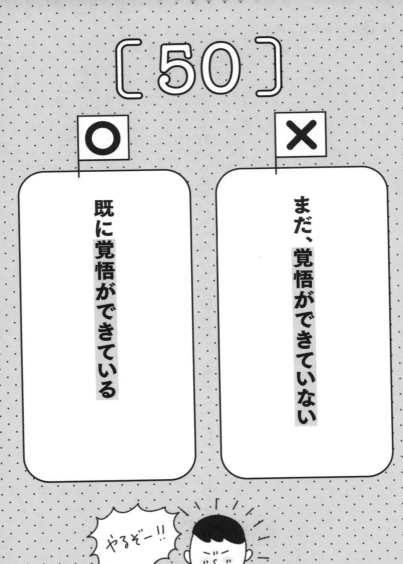

お金が集まる人の最大の特徴は、自発的に覚悟を決めていることです。

「自分のビジネスなど、**没頭している対象に全エネルギーを注ぎ、社会に貢献する**」

主体的な覚悟だからこそ、頑張りたくなるし、失敗しても悔いはないのです。

この主体的に「覚悟を決める」という姿勢は、誰もが学ぶべき姿勢です。

もし覚悟がない場合。たとえ何かに挑戦をしても、成果を残せず終わることがほとんど。ですから勇気を出して、「覚悟を決めること」を決めましょう。

私はこれを**「決めるを決める」**と呼んでいます。今までに3回、経験しました。

1回目は、会社員時代にカメラ転売の副業を始めたとき。

2回目は、コンサルタントとして個人事業を始めたとき。

3回目は、個人事業を法人化させ、株式会社を設立し、社長になったときです。

あなたが、もし自分を信じられないとしたら「1週間」という期間限定で自分を信じ、行動を起こしてみてください。決めるを決めてみてください。必ず変われます。

この章のまとめ

- 自分以外のためにお金を使うことで、「感謝貯金」を積み上げていく
- 「お金は汚い」という心のブロックを外す
- 「絶対にお金持ちになる」と覚悟を決め、お金持ちと過ごす時間を増やしていく
- 「好きなことに没頭し、その成功で人から感謝され、報酬を得る」という勝ち癖をつけていく
- 迷ったら、「ワクワクするほう」「怖いと感じるほう」を選ぶ

おわりに

昔の私は本当に要領が悪くて、誰よりも遠回りをしていました。何をやってもうまくいかず、目的もなくセミナーに参加して学んだ気になっていたし、意味もなく資格をとって満足して、うまくいかない現実を見ないようにしていました。

そんなつらい経験をしたからこそ、ライブ配信やパラレルキャリアに興味を持ってくれたあなたには、私と同じ失敗をしてほしくありません。

私の失敗からたくさん学んで、成功までの最短ルートを歩んでください。

〝経営の神様〟ピーター・ドラッカーが提唱した「パラレルキャリア」(複業)。

その概念を知ったのは、ＯＬ時代。悔しい思いをしたことがきっかけでした。

パラレルキャリアを始める前までの私は、ＩＴ企業で勤めているごく普通のＯＬをしていました。男社会と言われる厳しい世界でしたが、その中でも責任ある仕事やポジションを任せてもらい、お給料も手取りで20万円代くらい＋ボーナスもいただいていました。

しかし30代で2人の息子を授かり、そのたびに産休と育休を取得したことをきっかけに、給料が頭打ちになったのです。


「子どもがいても、男性に負けないくらい頑張って働きたい」と考えているときに、「パラレルキャリア」という働き方を見つけました。

パラレルキャリアというのは**「本業を持ちながら副業や趣味、子育てなどをパラレルに進めて、自己実現していきましょう」**という素敵な考え方です。ただ、パラレルキャリアを始めたのはいいものの、最初はまったくうまくいきませんでした。

自己投資も3000万円以上していましたが、ひたすらセミナーに通い、さまざまな資格を取るだけで終わってしまい、私が思い描いていたパラレルキャリアを実現することはかないませんでした。

何をしてもうまくいかず諦めかけていた私に、7歳の息子がこう漏らしました。

「ママ、マンチェスター・ユナイテッドに、サッカー留学をしたい！」

そのときようやく「今みたいにOLとしてフルタイムで働いていたら、息子をサッカー留学なんて、させてあげられない」と気がついたのです。

目が覚めた私は、以前にも増して学びと行動を加速させました。

最初はなかなか思ったように売上もあがらず、うまく行きませんでしたが、このままでは今までと何も変わらないと思って、必死になって学び続けました。

その結果、少しずつ自力で稼げるようになり、仕事も子育てもうまく両立できるようになったのです。

今ではビジネスが広がり、月商7ケタを継続的に稼いだり、私が主宰するセミナーに世界25カ国から1・7万人以上の人に参加していただいたりできるほどになりました。

ですから、あなたもきっと、自由な時間とお金を手にすることができます。

また複業を始めることで、本業もうまく行きます。

経営者視点で物事を見られるようになるからです。

また時間の使い方が上手になるので無駄もなくなります。

今の時代は「組織に勤めているだけ」ではリスクが大きいと思いませんか。

終身雇用の時代は終わりました。

いつクビになるのかわからないですし、時間の自由もないですよね。


起業した今、私は何でもオンラインでしています。

オンラインの良いところは、小さく始められる点です。リアル店舗を持って開業する場合は初期投資がかかるし、人を雇ったりする必要もありますよね。

ネット社会という時代の流れに乗り、低リスクでビジネスを始めましょう。

それも、**あなたの〝好き〟や〝強み〟を活かす形**で、です。

「やりたいことでお金を稼ぐ生き方」は、自由で幸せだと思いませんか。

そんな生き方を実現させてくれる手段が、ライブ配信です。

そしてライブ配信の根幹にあるのは、愛に満ちた聞き方と話し方なのです。

※　※　※

最後までお読みいただき、ありがとうございます。

人と円滑なコミュニケーションを図る。仕事でしっかりと成果を出す。収入アップを実現する。

そのためには、「聞き方」と「話し方」の両方のスキルを伸ばさなくてはいけない、ということがおわかりいただけたかと思います。


今回お渡しした、コミュニケーションのノウハウは、会議や営業、接客など仕事のあらゆる場面で活用することができます。その結果、人間関係も良くなり、会社でのあなたに対する評価も高まっていくでしょう。

もちろん、給与もアップ。顧客、取引先との信頼関係も築くことができるはずです。

さらに、聞き方・話し方のスキルを伸ばすことで、あなた自身の人生の可能性も広がります。たとえば、インターネットやSNSを活用することによって副業や複業、起業をすることも夢ではありません。


今、「自分にできるかな?」と少し不安に感じている方もご安心ください。

この本に書かれているノウハウを1つでも2つでも実践することによって、人生は確実に好転します。

聞き方と話し方の能力が上がることで、あなた自身もポジティブになり、自信が生まれていきます。エネルギーが高まることによって行動力もついていきます。あなたに興味・関心を寄せる人（＝ファン）も増えていくことでしょう。

この場をお借りして、出版するにあたって、日頃アドバイスをいただいている、作家の樺沢紫苑先生、山口拓朗先生、石川和男先生、KADOKAWAの伊藤直樹編集長、田河慶友さん、企画から、編集、セミナーサポートまで最大級のサポートをいただいています。心よりお礼を申し上げます。

日頃応援してくれている受講生、メンバーにも感謝を。そして、自由にやりたいことをさせてくれ、私を支えてくれている、両親、夫、息子たちにも、「ありがとう」を伝えさせてください。

本書を手にとってくれたあなたへ。お金を生み出す〝聞き方&話し方〟をマスターしたら、好きな時に、好きな場所で、好きなことをして、精神的にも経済的にも豊かになる生き方を過ごすことができるようになります。あなただけでなく、周りも豊かに幸せにすることができます。

そこで最後に、ここまで読み進めてくださった方々へ、この本の内容を実践するのに役立つ、スペシャルコンテンツをプレゼントいたします。ぜひ、左のＱＲコード、もしくは、ＵＲＬ（https://miura-sayaka.jp/kikihana-50/）から受け取ってください。

あなたの人生が、聞き方・話し方でよりキラキラと豊かになることを心から楽しみにしています。

三浦さやか

Let's Try

お金を生み出す聞き方・話し方上達度チェックシート

\ Check! /

聞き方

1 □ 話し方よりも聞き方を意識している
2 □ 人の話をうなずいて聞いている
3 □ おうむ返しをしている
4 □ 話し手を喜ばせる質問をしている
5 □ 話し手の感情を推測している
6 □ 人の話は、即アウトプットするつもりで真剣に聞いている
7 □ ネガティブな人との会話は避けている
8 □ 聞いたことをスマホでもよいのでメモしている
9 □ 相手の話に共感できなくても反論しないようにしている
10 □ お願い事は譲歩して聞いている

話し方

11 □ 話す前に準備をしている
12 □ エネルギーをもって熱く語っている
13 □ 楽しんで話している
14 □ 自分のミッション、ビジョンを発信している
15 □ 共感されやすいストーリーを作っている
16 □ カッコ悪い昔話は、ネタにしている
17 □ 話は短くすることを意識している
18 □ よいコミュニケーションのために、与える人を目指している
19 □ 人の名前を覚えるようにしている
20 □ 話し方の上達の秘訣は質より量だと心がけている

上記は、お金を生み出す聞き方・話し方のキモとなる項目です。☑が多いほど、上達度が高いということになります。☑が入らなかった項目については、本書の関連ページを参照し、日々の実践を心がけてください。

Special Thanks

青木メグ、天乃愛湖、飯田武史、飯島瑛璃佳、市村千恵、
石乃夕子、Uno Masako、北未香緒里、熊谷圭一郎、
國光ともこ、塩田宣弘、中野かずこ、本郷奈緒実、
Maile Burgey、松浦景子、饒邊幹、渡邊奈津紀、
渡辺美賀　※順不同／敬称略

三浦さやか（みうら さやか）
株式会社Lutz（ルッツ）代表取締役。お金を生み出すパラレルキャリア（複業）の専門家。夢や目標をかなえるオンライン起業スクール3冠達成。普通の会社員や、起業家を7桁以上収入アップさせる「お金を生み出すパラレルキャリア（複業）のプロ」として活躍。2男児の母。17,000人以上、25ヵ国の方に、セミナーを実施。月収100万円〜1,700万円達成者を続出させる。手取20万円のOLから月収7桁を達成した複業時代や、年商1億円を達成した自身の経験をもとに体系化したプログラムは、幅広い層に支持されている。「パラレルキャリアで未来は創れる」をモットーに複業で自己実現したい会社員や起業家向けに、コンサルティングをはじめとして、企業や経営者への集客支援を行っている。著書に『超簡単！　おしゃべり起業の教科書』（KADOKAWA）がある。

ごく普通《ふつう》のOLが1億円《おくえん》を生《う》み出《だ》した
「聞《き》き方《かた》・話《はな》し方《かた》」の法則《ほうそく》50

2023年2月25日　初版発行
2023年4月15日　再版発行

著者／三浦《みうら》 さやか

発行者／山下 直久

発行／株式会社KADOKAWA
〒102-8177　東京都千代田区富士見2-13-3
電話　0570-002-301（ナビダイヤル）

印刷所／凸版印刷株式会社

ISBN 978-4-04-606111-9　C0036